Monika Kirschke

Heilende Labyrinthe

SYMBOLE einer universellen SPRACHE

Schirner
Verlag

ISBN 978-3-8434-1241-4

Monika Kirschke:
Heilende Labyrinthe
Symbole einer universellen Sprache
© 2016 Schirner Verlag, Darmstadt

Umschlag: Murat Karaçay, Schirner, unter Verwendung von # 381224512 (© adike), # 220399348 (© Katja Gerasimova), # 388556779 (© Blend Images), www.shutterstock.com
Layout: Anke Brunn, Schirner, unter Verwendung von # 462883051 (@ Guliveris), www.shutterstock.com
Lektorat: Karin Garthaus, Schirner
Printed by: Ren Medien GmbH, Germany

www.schirner.com

1. Auflage Dezember 2016

Inhalt

Kannst du

deine Seele bilden, dass sie das Eine umfängt,
ohne sich zu zerstreuen?
Kannst du deine Kraft einheitlich machen
und die Weichheit erreichen,
dass du wie ein Kindlein wirst?
Kannst du dein geheimes Schauen so reinigen,
dass es frei von Flecken wird?
Kannst du die Menschen lieben und den Staat lenken,
dass du ohne Wissen bleibst?
Kannst du, wenn des Himmels Pforten
sich öffnen und schließen,
wie eine Henne sein?
Kannst du mit deiner inneren Klarheit und Reinheit
alles durchdringen, ohne des Handelns zu bedürfen?
Erzeugen und ernähren,
erzeugen und nicht besitzen,
wirken und nicht behalten,
mehren und nicht beherrschen:
das ist geheimes Leben.

Laotse

Klarheit
Reinheit

Vorwort
Vorwort

*E*in Buch über Labyrinthe und Symbole einer universellen Sprache zu verfassen, ist etwas ganz Besonderes! Als ich gefragt wurde, ein Buch über dieses Thema zu schreiben, entfachte das meine große Neugier, die mich schon mein ganzes Leben lang immer wieder neue Spuren entdecken lässt. Doch Sie wissen es selbst, lieber Leser, bevor sich die »träge Masse Mensch« in Bewegung setzt, braucht es weitere Auslöser. So werden nach dem Gesetz der Resonanz Anker oder Magnete in uns aktiviert, die uns zu Höchstleistungen befähigen und genau dorthin bringen, wo die nächste Aufgabe auf dem Weg zur Meisterschaft wartet. Doch wer das Leben ein wenig kennt, weiß, dass dies keineswegs bedeutet, auf dem Podest zu stehen und Medaillen wie bei den Olympischen Spielen zu sammeln. Das ist oft nur der halbe Weg!

Es gab noch viel mehr, was mich bei meiner Recherche beflügelte, immer weiter in die Ursprünge der Labyrinthe und Symbole vorzudringen, um dann wieder in tiefe Demut vor der Größe dieses Themas zu versinken, das sich wie ein Puzzle vor mir ausbreitete. Zeitweise schien es mir schier unmöglich, alle Puzzleteile zusammenzuführen.

Erwarten dürfen Sie in diesem Buch – und bitte haben Sie dafür Verständnis –, dass ich immer wieder Perspektiven und Sichtweisen betrachte, beleuchte, erforsche und für möglich erachte, die jenseits des Mainstreams liegen!

»Zeit« ist natürlich ein alltägliches Thema, und so möchte ich gleich mit folgender Vorstellung beginnen: Anders als es Labyrinthdarstellungen aus dem Mittelalter für gewöhnlich beschreiben, dienten Labyrinthe in ihrer Urform mit hoher Wahrscheinlichkeit als »Sternwarte« zur Beobachtung der Himmelskörper und ihrer Umlaufbahnen. **Ihre Erbauer wussten um die auf- und absteigenden Bahnen von Sonne und Mond im Jahreslauf und konnten die Gestirne in ihrem ALLtag deuten.** Ein Zeitmaß oder einen Kalender, wie wir ihn nutzen, brauchten sie nicht! (Kalender wäre ohnehin ein unpassender Begriff. Das Wort »Kalender« entstammt dem alten lateinischen Begriff »Calendarium« und bedeutete so viel wie »Schuldbuch«!) Relikte dieser Bauwerke aus längst vergangenen Zeiten bezeugen ähnlich wie die Nazca-Linien[1] in Peru die Kenntnis über die großen planetarischen Zyklen bis in die Gegenwart hinein. Möglich ist auch, dass die sieben

Umgänge des kretischen Urlabyrinths auf die sieben Planeten bzw. Wandelsterne Merkur, Mars, Venus, Jupiter, Saturn, Sonne und Mond hinweisen sollten. Zecharia Sitchin, ein Vertreter der Prä-Astronautik, berichtet in diesem Zusammenhang von einem zwölften Planeten, durch den die Erde erst

---

1   Die Nazca-Linien sind riesige Scharrbilder (Geoglyphen) in der Wüste bei Nazca und Palpa in Peru, die mittels Avio-Archäologie aus der Luft entdeckt wurden. Erst kürzlich konnte das Energiepotenzial der Nazca-Linien nachgewiesen werden, wie Dr. Semir Osmanagić es in seinem Buch »Das Geheimnis der Anasazi« beschreibt. Bei den Nazca-Linien handelt es sich um Energielinien der Erde, um die auch schon die Nachkommen der Atlanter wussten. Ihre Kreuzungspunkte sind besonders starke Kraftorte; dazu zählen der Machu Picchu in Peru, Teotihuacán in Mexiko, die Gizeh-Pyramiden in Ägypten und Stonehenge (= »Hängende Steine«) in England und viele weitere. Bekannte Scharrbilder im Südwesten Englands sind das Uffington White Horse und der Riese in Cerne Abbas.

erschaffen wurde. Ein weiterer Hinweis auf die zentrale Bedeutung dieser monumentalen Bauwerke, ist die Tatsache, dass fast jede alte Hochkultur Anlagen in einer Größe und mit einer Präzision erschaffen hat, die für uns heute nicht vollständig erklärbar sind und eine Herausforderung darstellen. Faszinierend ist, dass diese Bauten mit unseren heutigen visuellen und technischen Möglichkeiten weder erfassbar noch machbar sind!

Das Labyrinth als Motiv ist seit der Jungsteinzeit (Neolithikum, ca. 5000 bis 2000 v. Chr. in Mitteleuropa) in unterschiedlichen Darstellungen überliefert und in vielen Kulturen und Traditionen auf der ganzen Welt zu entdecken. Das astronomische Bauwerk von Stonehenge aus dieser Epoche hat u. a. Frederik Adama van Scheltema zu der Annahme verleitet, dass Labyrinthe als Orte einer »kosmischen Hochzeit« zwischen Vater Himmel und Mutter Erde gefeiert wurden.[2] Bei den Hopi-Indianern in Nordamerika werden sie als kosmische Vereinigung zwischen der Sonne und der Erde beschrieben. Eine ähnliche Sprache sprechen sexuelle

2   Vgl. Frederik Adama van Scheltema: »Die Geistige Mitte«, Oldenbourg 1950.

Anspielungen auf Keramiken der Etrusker und die als Wiedergeburt der Natur im Frühling gefeierten nordischen Mairituale. In England, Schottland und Irland ist eine ähnliche Tradition aus dem dritten und zweiten Jahrtausend v. Chr. in Form von »Näpfchensteinen« bzw. »cup and ring marks«, im Volksmund auch »Elfenmühlen« genannt, bekannt.[3]

Die weltweit höchste Konzentration an Stein- und Graslabyrinthen, 35 an der Zahl, befindet sich übrigens auf einem Archipel im Weißen Meer in Russland. Besondere Aufmerksamkeit gilt dabei einer Gruppe von 14 Steinlabyrinthen, die vor rund 3000 Jahren auf der kleinen, nur 1,25 km² großen Insel **Bolschoi Sajazki** erbaut wurden. Die Eingänge dieser Labyrinthe liegen meist im Süden!

Ein Labyrinth hat Rhythmus und Ordnung und ist weder ein Irrgarten noch ein Irrweg. Es führt ein Weg direkt in die Mitte und nach einer Kehre um 180° wieder hinaus. In seiner Urform

pulsiert in der Mitte ein gleichschenkliges **Kreuz,** das in allen Kulturen der Erde das **Kosmische Kreuz (= die SCHÖPFUNG = freie Energie)** darstellt. Es ist von zwei gegenläufigen **Spiralen** bzw. Wegen umgeben und erzeugt auf diese Weise einen Rhythmus bzw. ein Schwingungsmuster, das unsere Zellen als Urschwingungmuster

3   Vgl. Heinz Paetzoldt (Hrsg.): »Integrale Stadtkultur«, Bauhaus-Universität Weimar 2006.

wiedererkennen. **Das ist einer der Gründe für die Magie und Anziehungskraft von Labyrinthen!** Bei näherer Betrachtung wird es noch deutlicher: In der Mitte bildet sich das **Symbol der Erde** (= Quadrat, Würfel), wenn die Enden bzw. Ecken des Kreuzes durch gerade Linien miteinander verbunden werden. Darum herum winden, schwingen oder wirbeln Spiralen in unendlichen Dimensionen bzw. in unserer Vorstellung als Kreis bzw. Kugel und formen damit das **Symbol des Himmels.** Die tiefere Symbolik des Labyrinths ist also die Ganzheitlichkeit, die kosmischen Einheit von Himmel und Erde.

Zur praktischen Anwendung möchte ich Ihnen in diesem Buch ein begehbares **Fünfstern-Labyrinth** bei Sinsheim (Baden-Württemberg) vorstellen, erbaut von Frau **Gabriela Shinkara Kostak,** die es als ihren »Weg der Liebe« beschreibt! Ein wundervoller Ort der Stille, an dem ein jeder seinen inneren Frieden finden kann – mitten im Keltenwald!

Das Symbol der **Spirale** ist älter als das Labyrinth selbst, und auch wir bewegen uns mitten in einer Spirale – auf einem Orionarm der **Milchstraße,** die nach Edwin Hubble, der den Andromedanebel als eigenes Sternsystem entdeckt hatte, eine **Spiralgalaxie** (alte Bezeichnung: Spiralnebel) ist.

Die moderne Welt reicht mit ihren Wurzeln weit ins Mittelalter zurück. Dann verlieren sich die Spuren. Zunächst entwickelt sich alles aus dem Chaos heraus, bevor es eine materielle Struktur oder Form annimmt. So prägte schon im Mittelalter **Jakob Böhme** den Satz: **»Materie ist gefrorenes Licht.«** Auch **Einsteins** Gedanken zur Relativitätstheorie ($E = mc^2$) waren nicht neu, jedoch ein wichtiger Katalysator für die weitere Entwicklung! **Hans-Peter Dürr** prägte später den Satz: »Es gibt keine Materie!« Und **Kurt Sieber** ist sich sicher, dass sich aus Geist und Energie (= Schwingung) jede Form erstellen lasse. So ist es immer wieder die **Heilige Geometrie,** die uns eine Ahnung davon geben kann, was sich hinter der physischen Existenz, beispielsweise von Labyrinthen, verbirgt. **Andreas Beutel** sieht darin die polaren Werkzeuge Gaias. Es ist ein- und dieselbe Dynamik, mit der unsere Körperzellen und die aller Lebewesen, Pflanzen, Ozeane und Galaxien – im Großen wie im Kleinen – gemäß einem genialen göttlichen Bauplan, den wir »Blaupause« nennen, erschaffen werden. Und wir sind ein Teil davon!

Aus meiner Perspektive heraus, die von ganzheitlichen Zusammenhängen inspiriert wurde, unternehme ich in diesem Buch den Versuch, Sichtweisen und Wissen über Labyrinthe und darüber hinaus zusammenzutragen und zu verknüpfen. Dies mag dazu

beitragen, unser Bewusstsein weiter zu entfalten, uns als vollwertiger zu empfinden, uns friedvoller in unserem Denken und Tun zu erleben und uns als bewusste Schöpfer von allem, was ist, zu erfahren.

Erlauben Sie mir, nach der Einleitung einen »Raumflug« in die unendlichen Weiten des Universums zu unternehmen und in die Sprache der Symbole rund um das kosmische Kreuz einzutauchen, um anschließend megalithische Anlagen zu erkunden. Dadurch werden Aspekte beleuchtet, die Sie vielleicht so nicht erwartet haben, doch zum Gesamtbild unbedingt beitragen, bevor ich mich den Labyrinthen selbst zuwende.

Menschen lange vor unserer Zeit hatten noch ein Bewusstsein für zyklische Dimensionen und kannten offensichtlich auch Tore in die Anderswelt außerhalb des Raum-Zeit-Gefüges. Fortsetzung folgt in den weiteren Kapiteln!

Am Anfang war es Liebe!

Monika Kirschke, im Dezember 2016

*Wer das Wesentliche finden möchte,
richte seine Aufmerksamkeit zeitgleich
auf das Sichtbare und das Unsichtbare,
auf das Diesseitige und das Jenseitige!*

Labyrinthe
für die Ewigkeit

*L*abyrinthe zählen zu den ältesten Symbolen der Menschheit. In allen Epochen der Menschheitsgeschichte sind ihre Spuren für die Ewigkeit hinterlegt: Geheimnisvolle Zeichen und Muster in Felsritzungen und auf Felszeichnungen verewigt, auf Stein und Gras gebaut, in Kirchen oder auf Plätzen zu bewundern, in Handschriften aufgezeichnet oder auf Münzen geprägt. Ein prachtvolles und heute noch erhaltenes Bodenlabyrinth mit Mosaiken aus farbechten Halbedelsteinen ist beispielsweise in der **Kirche San Vitale in Ravenna,** Italien zu bewundern.

Der immer noch rätselhafte Ursprung der Labyrinthe wird zeitlich auf ca. 3000 v. Chr. datiert und reicht damit zurück bis in die Jungsteinzeit (Neolithikum). Das lässt vermuten, dass frühe Kulturen sie mehrfach nutzten, zum Beispiel als **Tanzplatz oder als Vorlage für die Tanzchoreografie.** Einer der bedeutendsten Labyrinthforscher war Herbert Kern, der auch von einem kultischen Reigentanz entlang der Labyrinthwege ausging. Gefeiert in kretischen Tänzen und in schwedischen und finnischen Trojaburgen[4], die Rasenlabyrinthen sehr ähneln, tauchten Labyrinthe ebenso in der Magie Indiens und Sumatras und bei den Hopi-Indianern im Südwesten von Amerika auf. Immer wieder und in den unterschiedlichsten Geschichten, Spielen und Ritualen der Völker dieser Erde verbindet das Labyrinth Menschen, führt sie in ihre Mitte und lässt sie wieder frei bzw. freier werden – auf der Reise um die Welt.

Dieses Phänomen ist ebenso in megalithischen Anlagen wie auch in den **Pyramiden** zu entdecken, das in uns bewegende und faszinierende Momente erblühen und neue Spuren entdecken lässt. Darüber hinaus hat ein Labyrinth Methode. Denn es wird im Origi-

4 Trojaburgen, die im Finnischen »Jatulintarha« oder »Jungfrudans« (= Jungfrauentanz) heißen, sind Steinsetzungen in labyrinthähnlicher, schlingenartiger Form aus faust- bis kopfgroßen Steinen in Endlosreihen verlegt, mit einem Durchmesser von 5 bis zu 25 m, und einem begehbaren Wegesystem ohne Verzweigungen. Die krummlinige Figur ist in verschiedenen Kulturen Europas und der Neuen Welt anzutreffen, so in der Nazca-Kultur in Peru und bei den nordamerikanischen Hopi-Indianern.

nal immer nach einem ganz bestimmten Konstruktionsplan erschaffen! Für die im Vorwort angemerkte bewusste Verbindung von Himmel und Erde spricht beispielsweise die Westausrichtung vieler Labyrintheingänge, orientiert am Lauf der Sonne bzw. am Sonnenuntergang. Im alten Phönizien, dessen Gebiet sich über die heutigen Staaten Israel, Libanon und Syrien erstreckte, wurden Labyrinthe vermutlich als zweijährige Lunisolarkalender genutzt.

Der gregorianische Kalender und der Lunisolarkalender

Im Verlauf der Menschheitsgeschichte sind verschiedene Kalendersysteme entwickelt worden. Heute ist der **gregorianische Kalender** der gebräuchlichste. Benannt wurde er nach Papst Gregor XIII., der 1582 durch eine Reform des julianischen Kalenders mit der päpstlichen Bulle »Inter gravissimas« verordnet. Wie zuvor schon erwähnt, entstammt das Wort »Kalender« dem Lateinischen »Calendarium« und bezieht sich ursprünglich auf das Schuldbuch bzw. die Schuldregister der Geldverleiher! Es diente als Verzeichnis der Calendae, der ersten Tage im Monat, an denen Darlehen oder Zinsen fällig oder ausgezahlt wurden.

10 000 Jahre rückwärts auf der Zeitachse bezeugen der **Turm von Jericho** aus dem 9. Jahrtausend v. Chr. und jungsteinzeitliche Bauten wie **Stonehenge,** dass die Menschen der damaligen Zeit anhand der natürlichen Jahreslänge zyklisch wiederkehrende Himmelsereignisse wie Sonnenwenden und Tagundnachtglei-

chen exakt bestimmen konnten. Heute prägen der an Mondpha-
sen orientierte Mondkalender und der astronomische Kalender
mit dem Lauf der Himmelskörper die gängigen Kalendersysteme.
Das deutsche Wort »Monat« leitet sich übrigens etymologisch von
»Mond« ab. Solarkalender orientieren sich wiederum am tropi-
schen Jahr, d. h. am auf den Frühlingspunkt bezogenen Umlauf
der Erde um die Sonne. Der gregorianische Kalender ist also ein
Solarkalender.

Mit dem **Lunisolarkalender** wurde
durch das Hinzufügen von Schalt-
monaten der Versuch unternommen, den Mondkalender an das
Sonnenjahr anzupassen. Dadurch
bedingt treten Jahresläufe von 353
bis 385 Tagen auf. Der bekannteste
Kalender dieser Art ist der **jüdische
Kalender,** und gleichermaßen neh-
men ebenso der chinesische und
der keltische Kalender Bezug auf Sonnen- und Mondläufe. Dies
mag eine Erklärung dafür sein, dass uns diese Jahresläufe so verschoben vorkommen!

Eine Verbindung zwischen dem kretischen Labyrinth, dem Lunisolarkalender und dem gordischen Knoten beschreibt **Rafaela
Schmakowski** mit folgenden Worten: »Meiner Forschung nach
handelt es sich bei dieser Form des Labyrinths um einen zwei-
jährigen Lunisolarkalender, der als vierter Teil im achtjährigen
Zyklus der Venus integriert war. Das kretische Labyrinth muss

folglich aus vier Labyrinthen bestanden haben, von der Form her identisch mit dem **Gordischen Knoten.**«[5]

Sinngemäß beschreibt sie das kretische Labyrinth als Zeichen für das »Große Jahr«, ein zur damaligen Zeit geläufiger Kalenderzeitraum, der acht Sonnenjahre und drei Mondmonate umfasste. Sie nimmt an, dass in der Hochkultur Kretas vor 6000 Jahren ein zyklisch auftretendes Ereignis wie das Erscheinen des Planeten Venus (siehe »Das Pentagramm« S. 32 ff.) bzw. der Göttin Venus Anlass für Feierlichkeiten war, die mit Tänzen durch vier Labyrinthe dargestellt wurden. Auf Wandmalereien dargestellte Zeremonien im Palast von Knossos lassen dies vermuten.

Das Wortspiel Labyrinth und der Tanz der Kraniche

Unklar ist, woher das **Wort »Labyrinth«** stammt. Wahrscheinlich leitet es sich von dem vorgriechischen Wort »Labrys« ab und entstammt dem Wortschatz der Minoer, der ersten Hochkultur Europas, die sich von Kreta über den ganzen ägäischen Mittelmeerraum ausbreitete. Die Labrys war eine Doppel- oder Amazonenaxt, einst ein heiliges Symbol der **Minoer.**

Weiterhin ist zu vermuten, dass die »Figur« des Labyrinths einen Gruppentanz darstellte, wie das Ende der Theseus-Sage andeutet.

5   www.rafaela-schmakowski.de/labyrinth/zeichen-der-zeit.html (Stand: 13.10.2016).

So ist vorstellbar, dass das berühmte Labyrinth von Knossos – die Anlage war wohl eher ein Irrgarten (Näheres dazu auf Seite 77) – einst als kunstvoller Tanzplatz diente, dessen Marmorboden die sagenumwobene Leitfigur des Minotaurus zierte.

Die Minoer waren ihrer Zeit voraus. Sie bauten schon vor rund 5000 Jahren prächtige Palastanlagen, Kanalisationssysteme und die ersten Straßen Europas. Dank ihrer Flotte und der günstigen geografischen Lage Kretas dominierten sie über Jahrhunderte hinweg das Mittelmeer. Wer hätte gedacht, dass die **Frau in der minoischen Kultur**

dem Mann gleichgestellt war und ebenso höhere und geistliche Berufe, z. B. Priesterin, erlernen und ausführen konnte. Dies ist möglicherweise ein entscheidendes Indiz für die Pracht und die Herrlichkeit der einstigen Hochkultur.

Der Stier mit den goldenen Hörnern und die Doppelaxt wurden von den Minoern als heilige Zeichen verehrt. Ihr Stierkult gilt als Vorlage für die Sage um den Minotaurus. Die Minoer und ihre Kultur bleiben bis heute ein Rätsel. So konnten beispielsweise die Gründe für den Untergang ihres Reiches nicht eindeutig geklärt werden, und auch ihre Silbenschrift ist bis dato nicht zu entziffern! Ohnehin gibt es nur Fresken, Vasenmalereien und Bilder als Zeugen und keinen einzigen Schiffsfund aus der über zweitausendjährigen Geschichte der minoischen Kultur.

Das norditalienische Tal **Valcamonica** in der Lombardei, berühmt für seine prähistorischen Felszeichnungen, deren Alter auf 6000 bis 10 000 Jahre datiert werden, gehört weltweit zur größten Fundregion prähistorischer Petroglyphen (= Felsbilder aus prähistorischer Zeit). Seit 1979 zählt es zum UNESCO-Weltkulturerbe. In **Capo di Ponte** zeigen Felsritzungen Tänzer, die in, auf und neben Labyrinthen tanzen. Die griechische **Sage von Theseus** berichtet, dass er mit Ariadne und den befreiten Geiseln des kretischen Labyrinths auf der Insel Delos (Naxos) den **Kranichtanz** tanzte, indem er die »Wendungen des Labyrinths nachahmte«. Bekannt ist die Figur des Kranichs auch im Qigong, das seine Wurzeln im Daoismus in China hat. In fast allen französischen Kathedralen wird übrigens die Aufführung des Labyrinthtanzes am Ostersonntag zelebriert.

Weiten

In den unendlichen Weiten des Universums

Die Milchstraße – eine Spiralgalaxie

Zurück in die Gegenwart! Ich habe Ihnen im Vorwort verprochen, Perspektiven zu beschreiben, die größere Zusammenhänge erkennen lassen. Beginnen möchte ich mit der aktuellen Position unseres Planeten Erde: Unser Sonnensystem am Rande der Milchstraße ist ein klitzekleiner Punkt in den unendlichen Weiten des Universums. Es liegt auf dem Orionarm, einem kleinen Nebenarm der Milchstraße zwischen dem Sagittariusarm und dem Perseusarm. Der Durchmesser unserer Galaxie wird auf etwa 100 000 Lichtjahre geschätzt, der Abstand unseres Sonnensystems zum Zentrum auf etwa 28 000 Lichtjahre. Wir dürfen uns das so vorstellen: Alles ist miteinander verwoben und steht in Verbindung zueinander, ein Ausweichen ist quasi unmöglich, ein Annähern an unbekannte, vergessene Dimensionen geschieht in jedem Augenblick. Wir wirbeln um das Zentrum, das Schwarze Loch der Galaxie, doch keineswegs allein, sondern zusammen mit unzähligen anderen Sternsystemen. Zu den bekannten zählen der

Orionnebel und die Plejaden. Es bleibt also spannend und aufregend auf unseren Spiralwegen nach Hause!

Die Natur hat eine göttliche Ordnung!

Zum besseren Verständnis von Geschwindigkeiten: Im Universum sind Aussagen über Geschwindigkeiten immer relativ, da wir kein Sinnesorgan dafür besitzen und sie in geschlossenen Systemen nicht spüren. Eine Fliege bewegt sich im Wohnzimmer mit der gleichen Geschwindigkeit wie in einem Auto oder Flugkörper mit Überschallgeschwindigkeit, und eine Immobilie ist nur »immobil« in Bezug auf die Landschaft bzw. Häuser in der Umgebung – ihrer Bezugsgröße. Nach Einstein sind alle bewegten Systeme physikalisch und somit auch biologisch gleichwertig – unabhängig von der Geschwindigkeit, mit der wir uns tatsächlich bewegen. Aus diesem Grunde liegen derartige Geschwindigkeitsangaben jenseits unserer Vorstellungsgabe. Das Universum ist zeitlos. Zeit- und Geschwindigkeitsangaben dienen nur dem Verständnis des Raum-Zeit-Gefüges auf der Erde. In Meditationen steigen wir beispielsweise aus diesem Gefüge aus! Passend dazu lief 2015 der Film »8 Sekunden – Ein Augenblick Unendlichkeit« in den Kinos – ganz im Tenor:

Wenn wir unser Leben
in galaktischen Jahren
und nicht in Erdenjahren messen würden, so
würde es nur acht Sekunden dauern!

Das kosmische Kreuz –
ein Schöpfungsschlüssel

Die Schöpfung in all ihren Erscheinungsformen ist durchwoben
vom kosmischen Kreuz und was
der Mensch daraus ableitet. Die
Vierheit des Kreuzes begegnet uns
in den vier Jahreszeiten, den vier
Himmelsrichtungen, den vier Elementen Erde, Wasser, Luft und
Feuer, den vier Grundfarben (bzw.
drei Grundfarben + Weiß)[6], den

vier Ebenen des Seins[7] usw. Der gesamte Schöpfungsschlüssel
scheint darauf aufgebaut zu sein. Das Kreuz erscheint auch in den
vier Weltkräften, die in Harmonie zu bringen sind, von denen
auch die heilige Hildegard von Bingen sprach. In vielen Kulturen
gilt es als Sinnbild für die **Einheit von Himmel und Erde.** In viel-
fältiger Gestalt und Form ist es weltweit in Religionen und Kulturen zu finden – sei es als ägyptisches Tau- oder **Ankh-Kreuz,** auch
Henkelkreuz oder Lebensschleife genannt, das für das Weiterle-

....

6 Sir Isaak Newton fand heraus, dass sich das weiße Licht der Sonne in Wirklichkeit aus
   einem kontinuierlichen Farbspektrum zusammensetzt und im Zusammenspiel Weiß
   ergibt. Die Wellenlängen des sichtbaren Lichts reichen von ca. 400 nm bis 700 nm,
   wobei Blau bei 400–500 nm, Grün bei 600–500 nm und Rot bei 700–600 nm liegt.
   Probieren Sie es einfach aus: Bestücken Sie drei Lampen mit Farbfolien in Rot, Grün
   und Blau, und fokussieren Sie alle drei auf einen Punkt. Idealerweise mischen sich die
   Farben dann zu Weiß.
7 Die vier Ebenen des Seins: Körper/Materie, Emotionen/Befindlichkeit, Gedanken/
   Schlussfolgerungen/Logik und die spirituelle Ebene, die Frage nach dem Sinn des
   Lebens!

ben im Jenseits steht, als Weltenbaum oder als **Swastika,** Symbol für Glück und Leben im Buddhismus und Hinduismus. In diese Reihe fügt sich auch das **Idol von Pomos** ein, das nach der Euroeinführung die zyprische Zweieuromünze ziert. Es entstammt dem dritten vorchristlichen Jahrtausend und zeigt eine Frauenfi-

gur mit ausgestreckten Armen, die dadurch ein Kreuz formt und die wiederum eine mit einer ebensolchen Kette mit dieser Figur als Halsschmuck trägt. Eine **samische Schamanentrommel** wiederum zeigt die Abbildung eines kosmischen Baumes in Kreuzform. Der Lebensbaum repräsentiert mit seiner Obenunten-Polarität die Achse der Welt und deren kosmischen Mitte.

Vier ist die Zahl der Erde (lat. »tellus« = »Mutter Erde«, in der römischen Mythologie die Gottheit der mütterlichen Erde, auch **Terra Mater** genannt, sie entspricht der griechischen **Gaia).**

Die Erde besteht aus den vier Elementen Energie (Feuer), Körper (Erde), Seele (Wasser) und Geist (Luft). Das verbindende fünfte Element heißt Kommunikation (Metall). Wir sind natürlicherweise mit der göttlichen Quelle verbunden. Es gibt einfach nichts im UniVERSum, was für sich allein geschaffen wäre. Alles ist bewusste Schöpfung. Die Vier ist eine Koordinationszahl, die Ordnung und Symmetrie in einem Koordinatenkreuz ermöglicht. Ein Quadrat oder Würfel steht für Stabilität. Ein Kreis ermöglicht Bewegung – und eine Spirale ist die Bewegung »über den Tellerrand hinaus«! Mit einer liegenden Acht (zwei Kreise) lassen sich verstrickte Beziehungen klären (s. Übung S. 40 f.). In Verbindung mit Dreiecken, die die Grundform von Pyramiden darstellen, und dem Wissen um die Merkaba-Meditation (s. S. 37) sowie der Kundalini-Energie ist »kosmische Weisheit« erfahrbar.

Um in der Gegenwart anzukommen, seien Sie versichert, die Zahl Vier setzt sich immer weiter fort und ist überall zu finden! Die Wirbelsäule lässt sich unterteilen in Kreuzbein, Lendenwirbelsäule, Brustwirbelsäule und Halswirbelsäule. Das Herz hat zwei Herzkammern und zwei Vorhöfe. Die Nahrungsqualitäten lassen sich in Eiweiße, Fette, Kohlehydrate und Salze einordnen. Und wer es noch nicht weiß: Im Computercode verbirgt sich die Vier als Basis! Kein Computer, Laptop oder Smartphone auf der Welt könnte ohne die Vier funktionieren. Ein Byte setzt sich zusammen aus vier Plus und vier Minus und mittendrin ist die Nullpunktenergie, oder in anderen Worten: freie Raumenergie.

> *Der Mensch in seiner gottgegebenen*
> *Liebesfähigkeit ist der Schlüssel –*
> *in der Verantwortung für sein Tun*
> *das 5. Element!*

Das Kreuz ist ein Symbol der Menschheit. Es steht mit den enthaltenen Symbolen des Kubus und der vier Elemente für den Erdenweg mit der Erkenntnis, dass Geist und Materie untrennbar miteinander verwoben sind. Das Kreuz versinnbildlicht in der vertikalen Achse die duale Natur des Menschen. Sie entspricht dem aufrechten Gang bzw. der Wirbelsäule des Menschen oder dem Baum des Lebens. Als Weltachse (= »axis mundi«) ist sie der Pol, um den sich die 12 Sternbilder des Tierkreises drehen: Steinbock, Wassermann, Fische, Widder, Stier, Zwillinge, Krebs, Löwe, Jungfrau, Waage, Skorpion und Schütze. Die horizontale Achse beschreibt den linearen Weg des Menschen von der Geburt bis hin zum körperlichen Tod, und Gegensätze wie Anfang und Ende, männlich und weiblich, rechts und links, usw. Die erfüllende Sexualität wird angesprochen, indem sich die vertikale Achse als ein Symbol für den männlichen Phallus und die horizontale Achse entsprechend für das empfangende Weibliche versteht. Auch im Labyrinth von Chartres zeigt sich die Vier: Auf dem Grundriss des Labyrinths ist ein Kreuz erkennbar. Im horizontalen und vertikalen Durchmesser des Labyrinths ist der Kreis mit dem gleichschenkligen Dreieck enthalten, was wiederum der halben Diagonale der Vierung von Lang- und Querhaus entspricht. Somit finden sich der Kreis, das Quadrat und das Dreieck sowohl in der Vierung als auch im Labyrinth selbst wieder. Einfach ausgedrückt ist das Labyrinth von Chartres vor dem Hintergrund der Geometrie des Kreises erbaut worden. Der Kreis ist das Symbol der Sonne, der Ewigkeit, der Unendlichkeit und der AllmACHT Gottes. Der äußere, gezahnte Rand (Zahnrad) des Labyrinths mit den schwarzen Steinen zählt 114 Teilungen, die geteilt durch die Zahl 6 (= Zahl der Vollkommenheit), die Zahl 19 ergeben. **Die Blume des Lebens besteht ebenfalls aus 19 Kreisen.**

In der Mitte des Labyrinths von Chartres befindet sich eine stilisierte **Rose mit sechs Blättern** (in der Natur besitzt sie fünf Blätter), auch »mystische Rose« genannt. Dieser Name könnte auch ein Hinweis auf Maria sein, da dies im Mittelalter eine beliebte Bezeichnung für die Gottesmutter war.[8]

8   www.mymaze.de/chartres_technisch.htm (Stand: 07.11.2016).

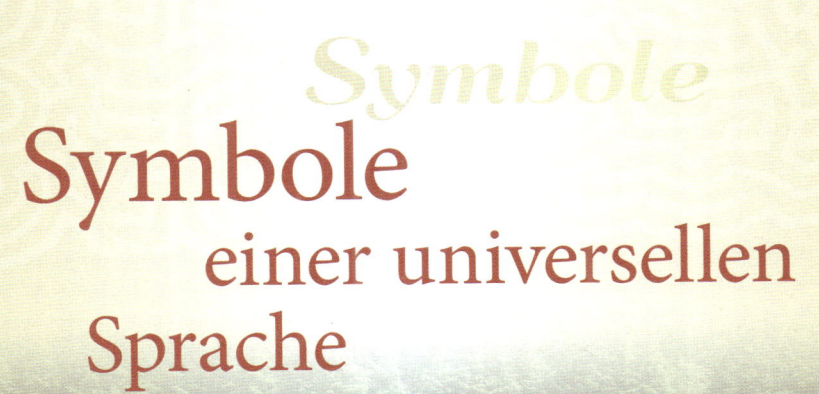

Symbole
einer universellen
Sprache

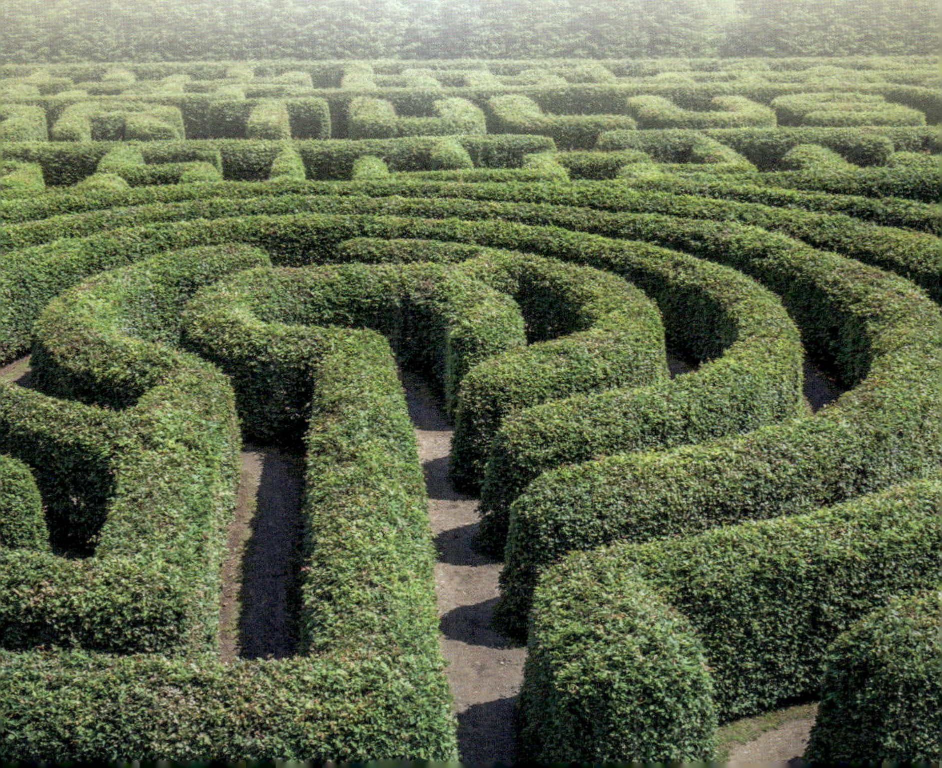

*L*abyrinthe, wie wir sie kennen, sind von Menschenhand geschaffen. Ihre Form kommt nicht in der Natur vor. Anders ist es mit Symbolen einer universellen Sprache, die von der Natur »abgezeichnet« werden. Eine Auswahl möchte ich Ihnen im Folgenden vorstellen.

Symbole verkörpern eine zeitlose tiefe Wirklichkeit, die jenseits von allem Geschehen liegt. Sie enthalten machtvolle, universelle Prinzipien. Ihre Botschaften werden nie endgültig sein, zumal sie sich, bedingt durch Geschichte und Gesellschaft, verändern. Am großartigsten entfalten sie sich in lebendigen Auseinandersetzungen, indem Menschen bewusst und erwartungsfrei ihre Herzenstüren öffnen und sich auf neue Perspektiven und Sichtweisen einlassen. Symbole finden sich auch am Firmament, u. a. in Form von Konstellationen und Laufbahnen der Himmelskörper. Astrologen zeichneten die Bewegung von Himmelskörpern schon vor Tausenden von Jahren auf. Heute sind Wissenschaftler in der Lage, diesen Phänomenen mit Computerprogrammen und -simulationen auf die Spur zu kommen.

Das Pentagramm

Die **Venus** zeichnet mit ihrer Umlaufbahn zur Erde innerhalb von acht Jahren ein **Pentagramm** ins Universum. Die Planetenschleifen erklären sich aus der Drehbewegung der Erde um die Sonne. Die Venus ist nach dem Mond das hellste Gestirn am Nachthimmel, nie sichtbar um Mitternacht, jedoch morgens und abends als Morgen- und Abendstern. Der vierjährige Zyklus der **Olympiade** ergab sich vermutlich auch durch diesen Zyklus.

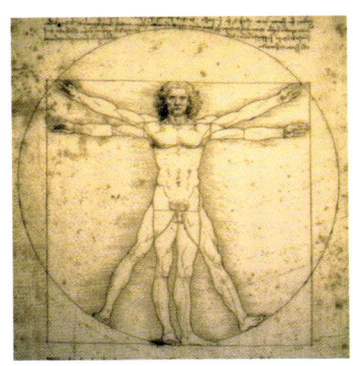

In **Leonardo da Vincis** weltberühmter Skizze des **»vitruvianischen Menschen«,** 1492 nach einer Vorlage von Vitruv (= römischer Architekt aus dem ersten Jahrhundert n. Chr.) skizziert, nutzt er den Kreis und das Pentagramm für seine Proportionsstudien, um das Idealmaß eines männlichen Körpers, der je nach Bein- und Armhaltung in einem Umkreis oder in einem Quadrat als Rahmen eingepasst ist, zu verdeutlichen. Das berühmteste Gemälde der Welt, die **Mona Lisa** (ca. 1503), auch »La Gioconda« genannt und im Louvre (Paris) zu besichtigen, entwickelte er mithilfe von Pentagrammen und dem Goldenen Schnitt.[9]

Die Geburt der Venus (ca. 1485), gemalt von Sandro Botticelli in der Frührenaissance, war der erste in Lebensgröße gemalte Frauenakt seit der Antike, den der Maler mithilfe verschiedener Pentagrammvarianten in ein und demselben Gemälde realisierte! Genau genommen zeigt es nicht die Geburt der Liebesgöttin, sondern eine nachfolgende Szene, in der sie in voller Schönheit in einer Muschel ans Ufer treibt.

Symbole einer universellen Sprache

9   Vgl. www.robl.de/pentagramm/kulturgeschichte/renaissance.html (Stand: 13.10.2016)

Das Symbol findet sich ebenso in der Kathedrale von Chartres. So wurden dort im Chorumgang in allen Fensternischen schmiedeeiserne Gitter mit großen Pentagrammsymbolen angebracht.

Die Swastika

Die Swastika wird als kosmisches Prinzip der Bewegung in den jährlichen **Sonnenwenden und Tagundnachtgleichen** abgebildet. Die Swastika (auch: Svastika, Suastika; aus dem Sanskrit: »svastika« = »Glücksbringer«), ein Sonnensymbol und Symbol für das Rad des Lebens, ist ein Kreuz, das in zahlreichen alten Kulturen im-

mer wieder auftaucht. Richtig dargestellt im Uhrzeigersinn zeigt es die Rotation der Erde um ihre Achse. Im Jainismus und Buddhismus ist es bis heute als religiöses Glückssymbol anerkannt. In den heiligen Veden des Hinduismus wird es als wichtigstes Symbol nach dem **Om** und dem **Dharma** beschrieben. Mit den vier Punkten in jedem Winkel symbolisiert die Swastika den ewigen Kreislauf von Geburt, Tod und Wiedergeburt, von Freude, Licht und Leben. In den Veden (= Sammlung religiöser Texte im Hinduismus) ist die Swastika Symbol für den Sonnengott Surya, in den Puranas (= heilige Schriften im Hinduismus) steht sie für das Chakra des Gottes Vishnu und einen der acht Yoga-Sitze.

Yin und Yang

Yin und Yang sind die traditionellen Ordnungsprinzipien der chinesischen Philosophie, die im Yi Jing (= »Buch der Wandlungen«) behandelt werden, das aus der Zeit der westlichen Zhou-Dynastie (etwa 1045–770 v. Chr.) stammt. Zu verstehen sind die beiden Komponenten des Symbols als Polaritäten, die sich wechselseitig hervorbringen

gen und einander bedingen, sich dabei aber nicht ausschließen, sondern ergänzen. Yin und Yang sind einander bedingende Gegensätze wie die helle und die dunkle Hälfte eines Jahreslaufes.

> **Das DAU gebar das eine,**
> **das eine gebar die zweizahl,**
> **die zweizahl gebar die dreizahl,**
> **aus der dreizahl wurde die vielzahl,**
> **getragen vom YIN, umfangen vom YANG.**

> *Laotse*

Gut zu wissen: In der Dualität verhält es sich wie mit den beiden Seiten einer Medaille. Symbole tragen mindestens zwei Möglichkeiten der Nutzung in sich, und das Negative ist oft in der Umkehrung des positiven Symbols erkennbar und kommt dadurch zum Tragen. Zum Beispiel: Die Swastika wurde verändert und als Ha-

kenkreuz missbraucht, ebenso das Pentagramm oder der David-
stern und viele andere auch. Im Christentum wiederum erinnert
das Kreuz an die Hinrichtung und Kreuzigung Jesu und ist eng
mit dem Thema »Schuld und Sühne« verknüpft! Der verlängerte
Schenkel nach unten symbolisiert das Element Erde und hält den
Menschen, der es als Symbol für sich annimmt bzw. anerkennt,
auf der Erde fest! Der Mensch ist viel mehr als nur ein erdgebun-
denes Wesen und der Glaube ist ein sehr machtvolles Instrument!

Die Unendlichkeit, das Unendlichkeitszeichen und die Schlange

Das Zeichen für Unendlichkeit,
auch in Verbindung mit dem Symbol der Schlange, ist ein überaus
faszinierendes Zeichen. Wie das
Labyrinth ist es ein sehr beliebtes
und dynamisches Symbol für Bewegung und Auflösung.

Für das menschliche Gehirn sind Unendlichkeit und Ewigkeit so
gut wie gar nicht vorstellbar. **Die liegende Acht, auch bekannt
als Lemniskate,** ist als Zeichen für eine unendliche Größe in der
Mathematik erst 1655, also vor gut 360 Jahren von John Wallis,

einem englischen Mathematiker, vor allem für die Beschreibung von Grenzwerten bei Folgen und Reihen eingeführt worden. Im antiken Rom war es ein Zeichen für die Zahl 1000, in ältester Zeit für die größtmöglich vorstellbare Zahl (TAU). Das Symbol der liegenden Acht ist in vielen Kulturen gegenwärtig und geht weit über das Wissen der verstandesorientierten Welt hinaus, oft präsent in Verbindung mit der Schlange.

Im alten Ägypten zierte die liegende Acht bzw. die Schlange als **Stirnschmuck** Pharaonen und in der griechischen Mythologie steht sie im Zusammenhang mit dem **Äskulapstab** als Attribut des Gottes der Heilkunde. Im tieferen Sinn wird darin auch ein Spiralsymbol vermutet. In tantrischen Schriften beschreibt es die ätherische Kraft im Menschen, die **Kundalini- bzw. Schlangenkraft.** Es sind beim ausgewachsenen Menschen genau diese acht Zellen im Körperzentrum unterhalb des Steißbeins, die laut Drunvalo Melchizedek als einzige Zellen im Körper eines Menschen bis zu seinem Lebensende bleiben. Sie werden nie durch neue ersetzt. Zusammen bilden sie sowohl einen Sterntetraeder (= **Doppelpyramide**) als auch einen Würfel. Dieser Sterntetraeder wird auch als Merkaba, als Licht-Körper-Gefährt oder als elektromagnetisches Energiefeld bezeichnet, das sich um unseren Körper herum befindet und dessen Aktivierung das Ziel der Merkaba-Meditation ist.

Im **Tai-Chi-Zeichen** zeigt sich die Acht als Einheit der sich ergänzenden Gegensätze. Es ist die zusammengerollte oder »brütende«

Schlange, die in der Dualität eine verborgene und heimliche Kraft bzw. Macht symbolisiert und damit gleichermaßen die Möglichkeiten des Guten und des Bösen als polare Gegensätze aufzeigt.

Die Schlange ist eines der ältesten Symbole für weibliche Macht. Sexuell repräsentiert sie die Energien des Universums und wird als Zeichen für Wiederauferstehung (Häutung) gesehen. Spirituell repräsentiert sie das erwachte Selbst.

Der **»Uroboros«** ist im Klassizismus die Schlange, die sich in den Schwanz beißt, Symbol für die Materie in ewig wiederkehrenden Zyklen, für das Werden und Vergehen in der Natur, für das weltumspannende Urmeer und für die scheinbar endlos laufende Zeit.

Die Acht kann als ein Symbol für das wiedergewonnene Paradies gesehen werden, als Ziel des Eingeweihten, der über die sieben Stufen oder sieben Himmel hinausgegangen ist. Die Sieben ist die Entfaltung der Eins, die für die göttliche Einheit in allen Facetten der Vielheit steht. Die Zahl Acht wiederum markiert den Beginn einer neuen Qualität. Die Optik liefert uns anschauliche Beispiele dafür: So fand schon Newton heraus, dass sich die Bestandteile des zunächst weißen Lichts (Weiß = Symbol der Null oder Eins) erst dann zeigen, wenn es in unser Auge fällt. Das Licht wird durch das optische System, das wie eine Sammellinse mit Prismen wirkt, gebrochen und dadurch in seine sieben Spektral-farben zerlegt: Rot,

Orange, Gelb, Grün, Blau, Indigo und Violett. Wir erkennen die Symbolik auch in den sechs Schöpfungstagen mit dem siebten Tag als Ruhetag. Nach sieben Fastentagen schließt sich der achte Tag als Tag der Erneuerung an. Eine Oktave wiederum umfasst acht Töne, wobei der achte Ton die doppelte Frequenz des ersten hat. Die Acht ist der Eintritt in eine neue Welt.[10]

Für das bewusste Arbeiten mit Polaritäten, Energiekreisläufen und Rhythmen im menschlichen Körper wie auch für die Synchronisation der beiden Gehirnhälften ist dieses Symbol ein Segen. Und auch in Beziehungsfragen kann uns die liegende Acht unterstützen. Eine schöne Übung für einen gesunden Abstand in Beziehungen ist folgende:

....

10   Vgl. www.derkleinegarten.de/600_grab/640_symbole/zahlen-zahlensymbo-lik-1-2-3-4-5-6-7-8.htm (Stand: 07.11.2016).

ÜBUNG:

Die liegende Acht – gesunder Abstand in einer Beziehung

Diese Übung vermag Beziehungen, die zu sehr einengen, fixieren oder in denen wir uns in Selbstaufgabe verlieren, wieder auf einen gesunden Weg zu bringen.

Ziehen Sie eine liegende ACHT auf den Boden! (Sie können dazu einen Faden in dieser Form auslegen, das Symbol wirklich zeichnen oder es sich kraft Ihrer Gedanken vorstellen.) Betrachten Sie den einen Kreis als den Ihren, den anderen als den Kreis des Partners oder der Person, von der Sie sich mehr lösen möchten.

Stellen Sie sich in den einen Kreis und die Person (oder eine Kerze) in den anderen! Stellen Sie sich nun vor, dass das LICHT DER EINHEIT aus der göttlichen Quelle über beiden Kreisen wie eine Sonne leuchtet und beide vollends versorgt und durchströmt – Ihren Kreis und den Ihres Gegenübers! Lassen Sie nun alle unguten, einengenden Verbindungen zwischen Ihnen vor Ihrem inneren Auge entstehen. Diese können aussehen wie Bänder, Fesseln, Haken oder Schlaufen. Fühlen und schauen Sie, wo diese in Ihrem Energiekörper festsitzen oder anhaften.

Beginnen Sie nun, diese Bänder mithilfe eines Erzengels, Schutz-engels oder einer anderen Wesenheit – HÖREN SIE AUF IHRE INTUITION! – *eines nach dem anderen langsam aus Ihrem Ener-giekörper* **zu lösen,** *und geben Sie sie kraft Ihrer Vorstellung in die*

EWIGE FLAMME ab! *Das Band der Liebe ist immer da. Es kann nicht gelöst werden. Liebe ist frei.*

Spüren Sie, wie Sie mit jeder ErLÖSUNG freier, friedvoller, aufrechter werden/gehen. Auch bei Ihrem Gegenüber löst die Geistige Welt die Bänder und übergibt sie dem ewigen Feuer. Lassen Sie los, was gehen möchte, lassen Sie Ihre GeDANKEn frei ...

Das Licht der Quelle flutet und versorgt beide Energiekörper mit allem Nötigen – Ihren und den Ihres Gegenübers! Erkennen Sie das Geschenk, das in der Begegnung mit dem anderen entstanden ist, und betrachten und füllen Sie das Feld mit Dankbarkeit und Liebe – es ist ewig.

Erkennen Sie Ihr Gegenüber an, und fühlen Sie auch seine Anerkennung Ihnen gegenüber! Bitten Sie nun den Engel, dass er die ACHT in der Mitte durchtrennt, sodass sich zwei Kreise bilden, die vom EINHEITSLICHT DER QUELLE wie von Sonnenstrahlen durchflutet sind. Jeder hat nun seinen Schwingungsraum. Jeder hat seinen Kreis! Jeder ist in sich vollkommen und frei.

Beobachten und spüren Sie – bitte ohne einzugreifen –, was passiert: Vom Licht der Quelle geführt, beginnen beide Kreise zu schwingen, schnell und frei; sie entfernen sich voneinander, sie finden zusammen – alles ist möglich! Ein gesunder Abstand entsteht, der friedvoll und gut für beide ist. Fühlen Sie, wie gut es tut, den richtigen Abstand zu wählen. Atmen Sie jetzt tief ein und lang wieder aus, und kommen Sie zurück in Ihren Alltag!

Der Kakibaum als Weltenbaum

Bäume, Bauwerke, z. B. Labyrinthe, und Steinkreise auf besonderen Plätzen dieser Erde besitzen unglaubliche Kräfte. Erwähnen möchte ich an dieser Stelle eine außergewöhnliche Baumart bzw. deren Frucht: die Kaki. Vielen ist sie durch ihre knallorange Farbe bekannt. Sie ist etwas Besonderes – speziell in der kalten Jahreszeit!

Der Kakibaum, der in Nagasaki nahe dem Ort steht, wo am 9. August 1945 der Abwurf der Plutoniumbombe stattfand, der das Ende des Zweiten Weltkrieges einleitete, ist ein solcher Baum. Er überlebte die Druckwelle, die Radioaktivität und das unfassbare und unmenschliche Inferno in danach einer total verwüsteten Stadt. Sein Überleben macht diesen Baum zu einem Weltenbaum.[11]

Bekannt ist auch die **Esche** als Weltenbaum. Bei den Nordvölkern verkörpert sie als **Yggdrasil** das gesamte Universum.[12] Bei den Schamanen in Sibirien ist es die **Birke.** Geschichtlich spielt der Baum also in allen Kulturen dieser Erde eine große Rolle – sei es in der Vergangenheit, Gegenwart und Zukunft.

11 Vgl. http://www.narayana-verlag.de/spektrum-homoeopathie/mit-strahlung-ueberleben-kaki-der-weltenbaum (Stand: 25.10.2016)
12 Vgl. Monika Kirschke: »Heilende Gärten«, Schirner Verlag, Darmstadt 2015, S. 111 ff.

Zurück zur Kaki: **Dr. Marijke Creveld,** eine Biologin und Homöopathin, die Heilmittel aus den Wurzeln von Bäumen herstellt, untersuchte in Nagasaki die schwarze Rinde und den Stamm vor Ort. Sie stellte fest, dass unter der Rinde des Stammes eine schneeweiße Schicht zu sehen ist, die sie an keinem anderen Kakibaum fand. Das bedeutet, dass der Baum die Energie der Bombe damit neutralisiert hat.

Sehen Sie das Torusfeld in der halbierten Kaki?

Im botanischen Garten (»Hortus Botanicus«) in Leiden steht ein Sämling des Kakibaums aus Nagasaki, eingesetzt vom japanischen Künstler Tatsuo Miyajima. Auf der ganzen Welt wurden Sämlinge als Botschaft des Friedens und als Symbol für das Überleben und Wachsen sowie für die universelle Liebesenergie gepflanzt.[13]

Der botanische Name des Kakibaums **(»Diospyros kaki«, Familie: »Ebenaceae«)** bedeutet **»Götterfrucht für die Seele auf der Erde«, »göttliche Birne« oder auch »die Götterspeise«.** (»Dios« = »Gott« und »Pyros« = »Frucht«)

Das Wort Kaki setzt sich westlich interpretiert aus den Schriftzeichen **»ka« (= Seele)** und **»ki« (= Energie, Erde)** zusammen. Somit wären wir wieder beim Weltenbaum = Verbindung von Himmel

13   Weitere Informationen unter: kakitreeproject.com (Stand: 17.10.2016).

und Erde! Im Japanischen lässt sich das Wort übrigens aus den Kanji für »Baum« und »Markt« ableiten.

Heilkräfte der Kaki

Der Kakibaum aus Nagasaki besitzt Heilkräfte, die Beschwerden lindern, die durch **Strahlung** (angereichertes Uran, Tschernobyl, Fukushima), **Strahlen- und Chemotherapie, elektromagnetische Strahlung und Feuer** (u. a. auch Juckreiz) verursacht wurden. In der chinesischen Kräuterheilkunde wird er ebenfalls eingesetzt bei **Radioaktivitätsschäden im Orga-**

nismus. Zudem findet er Anwendung bei Haarausfall, inneren Blutungen und fehlender Speichelsekretion. Weiterhin gibt es Hinweise darauf, dass dieser Baum im Allgemeinen die Aktivität der **Ausscheidungsorgane unterstützt** und dass die Kakifrucht durch ihren hohen Gerbstoffgehalt eine positive Wirkung auf **Leukämie** hat. Erstaunlich und wundervoll ist ebenso, dass die Frucht eine Linderung der Symptome von **Kriegstraumata (PTBS)** (sowohl bei der ersten als auch bei der zweiten Generation) und von kriegsbedingten Albträumen herbeiführen kann. Ebenso können Symptome, die durch Stress, Überlebensängsten oder Unsicherheiten aufkommen, auf diese Weise behandelt werden.

In der Traditionellen Chinesischen Medizin ist die Kaki u. a. für eine gute Verdauung im **Magen-Darm-Trakt** ein Segen, wenn die Beschwerden mit Trockenheit und Hitze zusammenhängen, z. B. bei Verstopfungen und Hämorrhoiden. Sie kann die **Sehkraft** stärken und erspart uns Erkältungen, weil sie das Immunsystem reinigt und stärkt. Sie ist zudem ein »Katerkiller« nach einer durchzechten Nacht, hilft bei Schilddrüsenerkrankungen mit Auswirkungen auf unseren Magen und ist ein Segen für die Haut (= Kommunikation mit der Außenwelt), die feinporiger und glatter wird.

Kleine Winterkur für »hitzige Gemüter«:

Essen Sie eine Kaki pur zum Frühstück, und trinken Sie dazu eine Tasse Thymian- oder Oreganotee. Dann treiben Sie 15 Minuten lang Sport. Als kleine Winterkur über sechs Wochen eignet sich dieses Vorgehen zwischen November und März. So bleiben Sie fit und gesund.[14]

Die Spirale

Die Spirale ist als Symbol älter als das Labyrinth, und beide zählen zu den bedeutendsten der Menschheit. Die Spirale dreht sich ohne Wendung zur Mitte und ist auch ein Element des klassischen Labyrinths.

14 Vgl. Cornelia Titzmann: »Mit Heilpflanzen durch das Jahr 2015. 12: Kaki – die Götterspeise«, in: »KGS Berlin«, Ausgabe Dezember 2015.

Im Norden der nordafrikanischen Sahara, 10 000 Jahre zurück auf der Zeitachse, noch bevor sich die Klimazonen verschoben haben, war ursprünglich eine fruchtbare Steppe. Aus dieser Zeit finden sich auch heute noch Spiralen als Zeitzeugen sowie als Symbol für Fruchtbarkeit und Familie. Sie wurden zusammen mit Rindern als Zwei- und Dreierspiralen und mit anderen Symbolen für Stammesrituale auf Felsen eingraviert. In einer Höhle bei Mal'ta in der Nähe von Irkutsk, Russland, wurde ein Mammutzahn mit eingeritzter Spirale (sieben Umgänge mit Loch in der Mitte) als Grabbeilage gefunden, der auf über **24 000 Jahre v. Chr.** datiert wird.

Die Spirale ist immer in Bewegung, sie dreht, wirbelt, tanzt, nähert und entfernt sich wieder. Alles Statische ist ihr fremd. Als Symbol der Veränderung bringt sie versteinerte Verhältnisse in Bewegung. Wo Spiralen sind, gibt es keinen Stillstand. Sie symbolisieren die Unendlichkeit.

Gut zu wissen: Eine Spirale, die entgegen dem Uhrzeigersinn verläuft, ist ein Symbol des Nach-innen-Gehens oder des Sich-zum-Zentrum-Hinbewegens. Sie kann auch als Zeichen der Involution, d. h. des Rückgangs und Verfalls, gedeutet werden, immer abhängig vom Bewusstsein und von der Sichtweise des Betrachters!

Beobachten Sie sich einmal: Das Auge tastet ein Bild in der Regel von links nach rechts ab und folgt so der Spirale ins Zentrum.

Wasserwirbel, Schneckenhäuser und Zirbeldrüse – Spiralen in der Natur

Überall in der Natur sind Spiralen zu entdecken. In der Spirale verbirgt sich die Geometrie des **Goldenen Schnittes,** der »goldenen Spirale«. Vieles in der Natur baut sich spiralförmig auf – ob **Wasserwirbel, Schneckenhäuser** oder die Anordnung der Samen im Blütenstand von **Sonnenblumen.** Ebenso sind **Tannenzapfen,** die Blütenblätter von **Rosen** und der zapfenförmige Blütenstand einer **Ananas,** der z. B. aus 100 Einzelblüten und 8 Spiralen besteht, aufgebaut. Die Blattanordnung der Artischocke wiederum folgt dem Goldenen Schnitt – aus durchaus praktischen Gründen: Durch diesen

Aufbau bekommen die Blätter am meisten Regen und vor allem Sonnenlicht ab, weil sie einander so wenig wie möglich verdecken.

Der Tannenzapfen ist eine symbolische Darstellung der menschlichen Erleuchtung. Seine Form ähnelt der der Zirbeldrüse, und er wird mit dem dritten Auge, dem Auge des Horus oder dem Sitz der Seele in Verbindung gebracht.

Im Wasser zeigt sich die Spirale als **Wasserstrudel,** und auch die Luft bewegt sich gern in dieser Form – gut zu sehen, wenn sich ein **Wirbelsturm** bildet. Am bekanntesten im menschlichen Körper ist die spiralförmige Doppelhelix der DNA mit den gespeicherten Erbinformationen. Sie ist die »Spirale aller Spiralen« und entspricht in ihren Dimensionen ebenfalls dem Goldenen Schnitt.

Überall, wo **Spiralen** auftauchen, werden sie mit der Schöpfungsgeschichte und der Entstehung der Welt in Verbindung gebracht.

Die Blume des Lebens als heiliger Schlüssel

Geheimwissen hat eine lange Tradition und wird nur an Auserwählte von Mund zu Mund weitergereicht. Neben Labyrinthen zählt dazu auch die **Blume des Lebens.** Sie ist ein heiliger Schlüssel des Hermes Trismegistos Thot. Alle seine Geheimnisse, auch

die der Pyramiden, die aktuell auf der ganzen Welt wieder in das öffentliche Interesse gerückt werden, sind in diesem Symbol gespeichert.

Die Blume des Lebens wird als unendlicher Wissensspeicher und als eine Art Portal oder Schlüssel zur Akasha-Chronik gesehen, einem universellen Energiefeld, dessen Informationen Menschen mit einem erweiterten Bewusstsein abrufen können. Der Geist kann verwandeln, von Zustand zu Zustand. Gleiches lässt sich nicht mit Gleichem erlösen, doch mit Höherem.

Für Wandlung und Transformation braucht es Bewusstsein – keine Verneinung!

Exkurs

Das vierte Element

Hilfreiches Wissen vermitteln auch die Lehren des **Omraam Mikhaël Aïvanhov** (1900–1986), der von sich selbst sagte, er sei mit dem Gedanken geboren, Menschen von ihren Fesseln zu befreien und in ihnen den einen goldenen Faden für ihre Verbindung mit dem Göttlichen – der Welt des Lichts und der Glückseligkeit – zu stärken. Seine Mutter schlug ihn nie, wenn er als kleiner Junge etwas angestellt hatte, doch sie forderte seinen Edelmut und seinen Intellekt heraus. Heute werden seine Botschaften und Lehren von der synkretischen, theosophischen Gemeinschaft der Universellen Weißen Bruderschaft vertreten. Omraam Mikhaël Aïvanhov soll ein besonderes Kind gewesen sein. Seine Liebe galt besonders vier Dingen: Fäden, hohe Bäume, Wasser (besonders Quellen) und Feuer faszinierten ihn. Später entfachte er das heilige Feuer der Gottesliebe zuerst in sich selbst und dann in den Menschen. Aïvanhov vertrat zum Beispiel die Meinung, dass die geistige Armut vieler Menschen in ihrer Unkenntnis begründet liegt, wie sie feinstoffliche Elemente aufnehmen können. Sie bleiben in ihrer Armut durch Selbstbegrenzung verhaftet, solange sie sich nur mit Essen, Trinken und Atmen zufriedengeben. Das vierte Element, das sie am dringendsten bräuchten, würden sie außer Acht lassen.

Der Mensch prägt seine Gene

Der Bestsellerautor **Bruce Lipton** schreibt in seinen Büchern, dass der Mensch selbst seine Gene prägt. Jetzt überlegen Sie einmal selbst! Auch Sie ahnen es schon längst, dass es unser Glaube und unsere Überzeugungen sind, die unseren Körper, unser Denken und damit unser ganzes Leben »kontrollieren«.

Es gibt keine Materie

Hans-Peter Emil Dürr, Träger des alternativen Nobelpreises, war einer der großen Querdenker der modernen Physik. Er wag-

te es, über den Rand seiner Diszi-
plin hinauszudenken, Dürr sagte
sinngemäß: »Ich habe mein ganzes
Forscherleben damit verbracht, zu
untersuchen, was tatsächlich hinter
der Materie steckt. Das Ergebnis ist
einfach: Es gibt gar keine Materie,
was übrig bleibt, ist nur der Geist
(= Energie, Licht, Liebe, Gott …)!

Ich habe somit fünfzig Jahre nach etwas gesucht, was es gar nicht
gibt. Doch ich kann Ihnen versichern, dass es sich gelohnt hat,
den weiten Weg zu gehen. Was wir am Ende allen Zerteilens vor-
fanden, waren keine unzerstörbaren Teilchen, die mit sich selbst
identisch bleiben, sondern ein feuriges Brodeln, ein ständiges
Entstehen und Vergehen, etwas, das mehr dem Geistigen ähnelt –
ganzheitlich, offen, lebendig.«[15] Auch **Kurt Sieber,** ein Schweizer
Architekt, spricht davon, dass es keine Materie gebe, nur Schwingung (Energie). Aus Geist und Energie ließe sich jede Form erstellen! Die Natur sei immer ein offenes System.

Die moderne Physik führt uns notwendig zu Gott hin,
nicht von ihm fort.
Keiner der Erfinder des Atheismus war Naturwissenschaftler.
Alle waren sie sehr mittelmäßige Philosophen.

Sir Arthur Stanley Eddington

15 http://grenzwissenschaft-aktuell.blogspot.de/2014/05/es-gibt-keine-materie-physi-
     ker-hans.html (Stand: 26.10.2016).

Symbole einer universellen Sprache

Megalithische
Anlagen

Megalithische

In diesem Kapitel möchte ich auf megalithische Anlagen zu sprechen kommen – einige rechnen sie auch dem »Megalithkult« zu, was jedoch nicht ganz zutreffend ist, da es keine einheitliche Megalithkultur gibt bzw. keine einheitliche Definition dazu. Auch sie stehen mit Labyrinthen in Verbindung. Mehr werden Sie verstehen, wenn Sie sich diesem außergewöhnlichen Kapitel widmen!

In Europa finden sich Zeugnisse von megalithischen Anlagen (griechisch: »mégas« = »groß«, »lithos« = Stein) in einer besonders hohen Konzentration in der Bretagne in Westfrankreich, auf der Iberischen Halbinsel und in Irland.

Was wussten einstige Hochkulturen über kosmische Zyklen?

Das Rätsel um megalithische Anlagen ist mit der Entdeckung der monumentalen Sakralbauten von **Göbekli Tepe** durch Klaus Schmidt 2006 wieder in das öffentliche Interesse gerückt. Das »Türkische Stonehenge« ist das bisher älteste seiner Art mit einem Entstehungsdatum um das Ende des 10. Jahrtausends v. Chr. Schon lange ist bekannt, dass die **Pyramiden in Ägypten** keineswegs zu den ersten großen Steinbauten zählen und auch nicht die größten Pyramiden auf der Erde sind. Aktuell sind es wohl die **Pyramiden in Bosnien** (s. S. 57 ff.).

Die Megalithtempel von Tarxien auf Malta

Auf Malta sind die **Megalithtempel von Tarxien** zu bestaunen, die um 3000 v. Chr. erbaut wurden. Sie zählen zu den Vorläufern der weitaus berühmteren Megalithanlagen im **bretonischen Carnac** und im **englischen Stonehenge.** Das maltesische Archipel ist neben Zypern das einzige Land der EU, das vollständig südlich des 37. Breitengrads liegt.

Die Tempelanlage **Ħaġar Quim** auf Malta weicht von der sonst so typischen Kleeblattform anderer Anlagen ab. Aus gutem Grund! Wissenschaftler vermuten in der Anordnung einzelner Steine und Altarräume ein frühzeitliches Observatorium. Der Haupteingang weist genau in die Richtung, in der zur sommerlichen Mondwende der Vollmond aufgeht und der Eingang auf der Rückseite dem-

entsprechend auf die winterliche Wende des Monduntergangs. Einen Signalstein in der Südmauer deuten Archäologen als Zeitgeber für die Sommer- und Wintersonnenwenden, der mittels Schattenwurf auf exakt festgelegte Stellen im Inneren der Anlage zeigt. Auch die drei **Tempel von Mnajdra,** nur 500 m westlich von Ħaġar Quim errichtet, hatten ähnlich wie Stonehenge und die Menhire in der Bretagne eine Art »Kalenderfunktion«.

Eine archäologische Sensation ist das **Hypogäum Ħal-Saflieni** in Paola auf Malta, ein Höhlenlabyrinth, das sich über eine Fläche von 500 m² erstreckt, 14 m tief in die Erde reicht und 33 Räume, Kammern und Nischen besitzt, die sich über drei unterirdische Etagen verteilen. Die Anlage wurde rein zufällig im Jahre 1902 entdeckt. Genutzt wurde sie im Neolithikum zwischen 3800 und 2500 v. Chr. und ist heute die einzige vollständig erhaltene Tempelanlage in Europa. Als Weltkulturerbe steht sie unter dem Schutz der UNESCO.[16]

Die Sphinx in Ägypten und die Halle der Aufzeichnungen

Ägypten, für gewöhnlich als das Land der Pyramiden und der Pharaonen beschrieben, mal aus einer anderen Perspektive beleuchtet: Jahrtausende alte Aufzeichnungen in Ägypten sprechen von einem Labyrinth unterhalb der Pfoten der Sphinx, das zu ei-

16   www.planet-wissen.de/kultur/suedeuropa/malta/pwiemegalithkultur100.html
     (Stand: 17.10.2016).

55   Megalithische Anlagen

nem geheimen Ort des Wissens führt: der **»Halle der Aufzeich-nungen«.** In dieser Halle wird die Geschichte der Menschheit über einem Zeitraum von über 100 000 Jahre – andere Quellen sprechen sogar von Jahrmillionen – dargestellt, wie es auch alte Schriften und die Smaragdtafeln des **Hermes Trismegistos Thot** überlieferten. Ob Wahrheit oder Legende – das möge ein jeder für sich entscheiden! Die unterirdischen Anlagen sind oberirdisch gekennzeichnet, erbaut in der typisch megalithischen Bauweise mit dem Wissen um die Gesetzmäßigkeiten der heiligen Geometrie. Das Plateau von Gizeh soll laut Thorsten Migge einst als große Sternenkarte genutzt worden sein mit den Pyramiden als »Kraftwerke« oder »Zeitmaschinen« und der Sphinx als »Tor in die Anderswelt«.[17] Vergleichbar ist diese Anlage auch mit den **Nazca-Linien** in Peru, die ein Hinweis auf unterirdische Energieströme sind, um die auch schon die Nachkommen der Atlanter wussten. Wer sich über die Proportionen der Sphinx wundert – hierzu gibt es eine nachvollziehbare Theorie: Da der Kopf der Sphinx nicht

17 Vgl. http://www.science-explorer.de/gizeh_orion.htm (Stand: 24.10.2016).

mit dem in sich harmonisch proportioniertem Körper überein-
stimmt, liegt die Vermutung nahe, dass der heutige Kopf nicht der
ursprüngliche ist.[18]

Laut den Autoren Wolfgang Thiele und Herbert Knorr zeichneten die Pyramiden von Gizeh das Sternbild des Orion ab.[19] Robert
Bauval wiederum beschreibt in seinem Buch »Das Geheimnis des
Orion« den Nil mit seinem ursprünglichen Flussbett und Verlauf
als Abbild der Milchstraße. Auch wird eine Verbindung zu den
Sternen bzw. Sternbildern Sirius, Orion und den Plejaden beschrieben, ähnlich wie es in anderen einstige Hochkulturen auch
in Bezug auf Labyrinthe immer wieder zu finden ist.

Die Pyramiden in Bosnien

Ich war schon recht erstaunt, als
ich 2013 das erste Mal von den
Pyramiden in Bosnien hörte, und
noch mehr, als ich erfuhr, dass
sie schon seit 2006 erforscht werden. Diese fünf Pyramiden befinden sich in und um Visoko, ca.
25 km vor Sarajevo. Sie tragen die
Namen Sonnenpyramide, Mond-
pyramide, Drachenpyramide, Erd-

Megalithische Anlagen

18   www.giza-vermaechtnis.ch/die-unterirdische-stadt/ (Stand: 17.10.2016).
19   Vgl. Wolfgang Thiele, Herbert Knorr: »Der Himmel ist unter uns«, Henselowsky
     Boschmann 2003.

pyramide und Liebespyramide und werden auf ein Alter von über 35 000 Jahren geschätzt! Der passionierte Pyramidenforscher und Entdecker **Prof. Dr. Semir Osmanagić** lädt Menschen auf der ganzen Welt dazu ein, an diesem Jahrhundertprojekt im »Tal der Pyramiden« in Bosnien teilzunehmen. Es handelt sich dabei um den derzeit größten und ältesten bekannten Pyramidenkomplex der Welt.

Im November 2014 durfte auch ich an den Ausgrabungsarbeiten im weitverzweigten Ravne-Tunnel-Labyrinth teilnehmen.

In seinen Vorträgen spricht Osmanagić über das unbedingte Miteinander von wissenschaftlichen (Mentalkörper), heilenden (Emotionalkörper) und spirituellen (Lichtkörper) Aspekten. Osmanagić sagt, dass sich alte megalithische Stätten erst dann wirklich verstehen ließen, wenn sie aus physikalischer, energetischer und spiritueller Sicht gleichzeitig betrachtet werden würden!

Schon die Kelten wussten das Eisenerz energetisch im Wissen um das Currygitter[20] zu nutzten. Heutzutage sind jedoch nur noch wenigen physikalische Gesetzmäßigkeiten wie Gravitation, Elektromagnetismus und elektrische Energie bekannt. Kaum zu glauben

---

[20]   Currygitter sind Lebenskraftlinien. Sie bilden ein globales Gitternetz aus diagonal verlaufenden Erdstrahlen. Im Gegensatz zum Hartmanngitter umspannen sie die Erde horizontal.

ist auch, dass Wissenschaftler nur wenige brauchbare Messgeräte zur Verfügung haben, um »energetische Phänomene« wie im Tal der Pyramiden in Bosnien überhaupt erfassen zu können.

Wer mehr erfahren möchte, findet reichlich Informationen im Internet und viele Buchveröffentlichungen, darunter »Die Pyramiden in Bosnien & auf der ganzen Welt« und »Das Geheimnis der Anasazi« von Osmanagić.

Warum fühlen wir uns von besonderen »Kraftorten«, z. B. von megalithischen Anlagen und Labyrinthen, magisch angezogen bzw. haben das Gefühl, zu Hause angekommen zu sein?

Am Beispiel der energetischen Phänomene, die in der »intelligenten« Sonnenpyramide vorherrschen, lässt sich dieses Gefühl erklären:

- Stichwort **»Elektromagnetismus«**: Es wurde in der Pyramide eine Frequenz von **28 kHz** nachgewiesen. Das ist die **Frequenz für Levitation und Meditation!**
- Stichwort **»Schumann-Frequenzen«**: Im Tunnellabyrinth herrscht eine Frequenz von 7,83 Hz vor. Diese Frequenz wird auch als Pulsschlag der Erde bzw. als **Frequenz/Schwingung der mitfühlenden Liebe** bezeichnet. Dabei handelt es sich um das beste Resonanzfeld für **Selbstheil(ig)ungsprozesse** und für die Entwicklung unserer körperlichen, mentalen und spiritu-

ellen Anlagen (DNA) sowie für die Aktivierung der **Zirbel-drüse** (drittes Auge).

- Stichwort »**negative Ionen«, »Heilwasser«**: Im Labyrinth der Pyramide finden sich viele negativ geladene Ionen – »Vitamine der Luft« –, die mittlerweile in unserer Umwelt Mangelware geworden sind. Für unseren Körper stellen sie jedoch eine bedeutende Energiequelle dar und können Euphorie hervorrufen. Generell spielen sie innerhalb und außerhalb der Zellwände eine wichtige Rolle, indem sie ähnlich wie ein Zapper (= elektrischer Impulsgeber) z. B. Bakterien und Schimmelsporen eliminieren.

- Stichwort »**Kosmische Strahlung und natürliche Radioaktivität«**: Beides ist im Tunnelsystem, einem komplexen Netzwerk unterirdischer Kammern und Gänge ca. 30 m unter der Grundebene, nicht vorhanden. Aus diesem Grund kann der Körper dort ohne störende Einflüsse von außen Regenerations-, Erneuerungs- und Verjüngungsprozesse starten sowie Synchronisationen und Resets durchführen.

- Stichwort »**Photonenstrahl«**: Die Theorie, dass der Energiestrahl der Sonnenpyramide als reine Quelle für freie Energie dient, wird weitgehend von unterschiedlichen Wissenschaftlern befürwortet. Dazu zählte schon Christopher Dunn mit

Spirit
Body
Mind

seinem Buch »The Giza Power Plant«[21]. Zusammen mit dem unterirdischen Labyrinthsystem bekräftigt der Photonenstrahl die »Kraftwerktheorie« und Nikola Teslas sensationelle Forschungsergebnisse.[22]

- Stichwort »**Heilige Geometrie**«: In der Sonnen-, Mond- und Drachenpyramide finden sich überall Elemente aus der Heiligen Geometrie wie die **Blume des Lebens.** Zahlen und geometrische Formen sind göttliche/kosmische Prinzipien und so wirklich wie Schall und Licht. Sie sind der »unsichtbare«, unkörperliche Weg zur Wirklichkeit – nur sichtbar mit dem inneren Auge.[23]

Diese und vergleichbare Phänomene lassen sich an besonderen Kraftorten nachweisen und erklären die magische Wirkung auf uns Menschen.

Das Hügelgrab in Newgrange in Irland

Bewegen wir uns weiter nach Irland. Hier möchte ich Ihnen ein weiteres Phänomen vorstellen: Irland ist bekannt für seine Fülle an neolithischen Anlagen und Megalithstätten mit Gräbern, Menhiren, Dolmen und Feenkreisen (»Fairy Forts«). Ihre Ge-

21   Christopher Dunn: »The Giza Power Plant«, Bear & Company 1998.
22   Vgl. Sam Osmanagić: »Die Pyramiden von Bosnien & auf der ganzen Welt«, Amra Verlag 2014.
23   Weitere Informationen dazu finden Sie auf: piramidasunca.ba und www.heilende-gaerten.net

heimnisse offenbaren diese Orte an Tagen der Sonnenwenden, wenn die Sonne sie »beleuchtet«.

Ein **Hügelgrab in Newgrange** in der irischen Grafschaft Meath am Fluss Boyne, erbaut um 3150 v. Chr. mit drei Tumuli (= künstlichen Hügeln) versetzt seine Besucher in großes Erstaunen. In einem der drei Hügel, einem 5000 Jahre alten Tumulus, ist eine kreuzförmige Kammer eingebaut. Diese lässt dank einer exakt berechneten Öffnung in der Decke, umgangssprachlich »Sonnenbriefkasten« genannt, kurz nach Sonnenaufgang am Tag der Wintersonnenwende einen Sonnenstrahl für ganze 17 Minuten herein, und dieser beleuchtet eine dreifache Spirale. Beschrieben wird dieses Phänomen als

Symbol für die Wiedergeburt der Verstorbenen mit dem Beginn eines jeden neuen Jahreskreislaufs. Newgrange gehört weltweit zu den bedeutendsten Megalithanlagen.

Es lässt sehr wohl vermuten,
dass seine Erbauer
die Tore zur Anderswelt kannten!

Der Schotte **J. Foster Forbes** erweckte 1937 in einer BBC-Hör-funkserie das öffentliche Interesse für megalithische Anlagen, in-dem er behauptete, dass ihre Erbauer im Norden Europas Über-lebende von Atlantis seien. Forbes, selbst ein echter Highlander, erregte in Fachkreisen großes Aufsehen mit seiner Behauptung, dass diese »Anlagen« nicht nur astronomischen Berechnungen und elementaren Wissenschaften dienten.

Das Besondere an diesen Kraftorten sind messbare dynamische Energieströme, die sowohl mithilfe von Ruten als auch von technischen Geräten bestätigt werden können. Die Megalithfelder von Carnac in der Bretagne gelten beispielsweise als Informationsfelder, als sogenannte Strichcodes mit Codierungen universellen Wissens. Megalithe werden auch als »Akupunkturpunkte« bzw. Lichtkanäle für die Erde angesehen. Hochsensitive Menschen, die über ein Bewusstsein für diese Energieströme verfügen, können feststellen, ob diese »Nadeln« aktiv sind oder schon vor sehr, sehr langer Zeit deaktiviert wurden.

Auch in Cornwall finden sich Megalithfelder. Daneben spielte Cornwall eine herausragende Rolle im atlantischen Reich als Ursprungsgebiet für große Zinnlieferungen. Wissenswert: Zu den sieben Metallen der Antike zählen Gold, Silber, Kupfer, Zinn, Blei, Eisen und Quecksilber. Zinn ist schon seit 3500 v. Chr. bekannt. So  ist in Bronzelegierungen, dem Namensgeber für die Bronzezeit, neben Kupfer auch Zinn enthalten. Später wurde Bronze durch Eisen verdrängt. Mitte des 19. Jahrhunderts erlangte Zinn durch die industrielle Herstellung von Weißblech erneut an Bedeutung. Das Verzinnen des Stahlbleches diente vor allem dem Korrosionsschutz. Der **Merry-Maidens-Steinkreis** (= »die „lustigen Jungfrauen«) in der Grafschaft Cornwall soll in der Bronzezeit entstanden sein.

Weitere magische Kraftorte

Zu sichtbaren Orten voller Magie und Geheimnisse zählen der **Haleakala auf Hawaii,** der **Machu Picchu** in Peru, der **Mount Shasta** in Kalifornien, das Archipel **Orkney** vor der Nordküste Schottlands, die **Osterinsel** im Südostpazifik, die **Pyramiden von Tikal** in Guatemala und viele weitere bekannte und unbekannte Plätze auf dieser Erde. Wer gern mehr erfahren oder wissen möchte, kommt früher oder später mit den Kristallbibliotheken im Innern der Erde in Berührung oder stößt auf die Bücher von Katrina Raphaell über »Wissende Kristalle« oder die »Botschaft von Kristallen« oder den Roman »Die Prophezeiungen von Celestine«, 1993 von James Redfield veröffentlicht, und Bücher von Karin Tag, um eine kleine Auswahl zu nennen.

Feenkreise in der Namibwüste

Abschließen möchte ich dieses Kapitel mit den mysteriösen Feenkreise in Namibia, die am Übergang zur Namibwüste erscheinen und nach wie vor ein ungelöstes Rätsel darstellen. Die Theorie, dass die Sandtermite (»Psammotermes allocerus«) für diese Formationen verantwortlich sei, die sie zur Wassergewinnung bzw. -versorgung ihrer unterirdischen Pilzgärten in Gebieten mit durchschnittlich 100 mm Regen im Jahr nutzt, scheint verworfen zu sein, da diese Kreise viel zu homogen und gleichmäßig auftreten. Aus der Luft betrachtet sehen sie aus wie Tausende kleine »Satellitenschüsseln« oder »Sommersprossen«. Diese runden, in der Mitte  kahlen Kreismuster werden kragenförmig von Gräsern umwachsen. Die Namibwüste zählt zu den ältesten und trockensten Regionen der Erde.

An Kraftorten wie am Aufgang zur Sonnenpyramide in Bosnien sind ebenfalls **Hexenringe** zu finden, die durch Pilzfruchtkörper entstanden sind. Diese Orte eignen sich auch besonders für Meditationsreisen.

Labyrinthe im Weißen Meer in Russland

Zunehmend in das öffentliche Interesse getreten ist eine kleine Inselgruppe im Weißen Meer: die **Solowezki-Inseln.** Auf ihnen ist die weltweit größte Ansammlung von Labyrinthen zu verzeichnen, 35 an der Zahl, die auf ein Alter von ca. 3000 Jahren datiert werden.

Der kleine Archipel, die Natur hat ihn aus sechs Inseln geformt, liegt ungefähr 530 km nördlich von St. Petersburg und 160 km südlich des Polarkreises im Onegabusen des Weißen Meeres und gehört zum Gebiet »Oblast Archangelsk« in Russland. Die Hafenstadt Archangelsk, die heute das Verwaltungszentrum der Region ist, entstand 1584 unter dem Namen Nowocholmogory und hatte ein Erzengel-Michael-Kloster als Befestigung. Übersetzt heißt Archangelsk wortwörtlich **»Erzengelstadt«.** Aufgrund der Nähe zum Polarkreis – er liegt nur 225 km weiter nördlich – lassen sich an diesem Ort während der Sommersonnenwende von Mitte Mai bis

Ende Juli die »Weißen Nächte« in besonderer Weise beobachten. Von Fjodor Dostojewski erschien 1848 eine Novelle darüber unter dem Namen »Weiße Nächte«. Möglich ist, dass er sich in diesem gefühlvollen Liebesroman von der Magie dieser Nächte inspirieren ließ, in denen die Sonne nur kurz untergeht.

Besonderes Augenmerk verdient eine geschlossene Ansammlung von 14 Steinlabyrinthen im Westen der Insel Bolschoi Sajazki (auch Solowiki genannt), die selbst nur 1,25 km² groß ist. Lokale

Felsbrocken bilden Spiralen und auch Doppelspiralen. Von vorne betrachtet sehen sie aus wie zwei Schlangen mit ihren Köpfen in der Mitte. Interessant ist, dass die Eingänge der Labyrinthe meist im Süden liegen und die Einheimischen ihre Labyrinthe »vavilons« (= »Babylons«) nennen.

Neben mehr als 850 Felsbrockenhaufen und weiterer Steinsetzungen, auch im östlichen Teil der Inseln, findet sich ebenso ein **Speichenrad aus Steinen.** Es wird als Symbol der Sonne gedeutet. Möglicherweise hat es die gleiche Bedeutung wie das Medizinrad und das Sternmädchenrad.

Labyrinthe

Labyrinthe
im Wandel der
Geschichte

Kulturgeschichte beschreibt mehr als nur die Geschichte, sie ist ein Abbild für das Bewusstsein der Menschen ihrer Zeit. Mythen oder Sagen berichten meist von Gottheiten und Helden. Im griechischen Mythos um Theseus und Ariadne findet ein Übergang von matriarchalen zu patriarchalen Werten und Sitten und deren Vermischung statt. Eine prominente Rolle nimmt darin das berühmteste »Labyrinth« ein – ein verborgenes Gefängnis für eine Kreatur mit dem Kopf eines Stieres und dem Körper eines Mannes – den Minotaurus.

In diesem Zeitrahmen ist auch der **Stierkult** anzusiedeln, der heute noch in der Stierkampf-Tradition in Spanien zu finden ist. Und auch in Amerika werden Trucks mit Hörnern und Stier-

schädeln geschmückt. Der Stierkult selbst reicht viel weiter zurück, er hat seinen Ursprung im Zweistromland zwischen Euphrat und Tigris, wo er vor 7000 Jahren die Vorherrschaft des Schafes ablöste. In der indischen Mythologie verdankt die Kuh ihre Heiligkeit dem Gott Krishna. Der Mutterkult um die Kuh gründet in der vedischen Ära. Der Kult und auch der berühmte Mythos verkörpern die immer wiederkehrende Geschichte um das Unbewältigte in uns, die Abgründe, die sich auftun, die Schatten des Unbewussten auf dem Weg des Menschseins in die Freiheit!

Der Mythos um zwei Königskinder

Was für uns heute die Comics um Asterix und Obelix sind, waren zur Zeit der Römer griechische Heldensagen wie die Geschichte von **Ariadne,** der Tochter von König Minos und ihrem Helden **Theseus,** der den **Minotaurus,** ihren Halbbruder, getötet haben soll.

Der weiße Stier

Der Sage nach war **Minos,** der Sohn von **Zeus** und **Europa,** der erste König auf Kreta. Nach ihm ist die **minoische Kultur,** die erste Hochkultur Europas benannt. Minos residierte im weltberühmten **Palast von Knossos,** der seither

als theoretische Vorlage für das

Labyrinthmotiv dient. Ausgegraben und erforscht wurden die Ruinen der Palastanlage vom britischen Archäologen und Entdecker der minoischen Kultur Sir Arthur John Evans zu Beginn des 20. Jahrhunderts.

Minos galt als weiser und gerechter König. Um seine Königswürde zu unterstreichen, bat er Poseidon, ihm ein Wunder zu gewähren. Minos versprach dafür, das, was aus dem Meer entsteigen würde, dem Meeresgott zu opfern. Aber ergriffen von der Schönheit des prachtvollen weißen Stieres, den Poseidon ihm sandte, stellte Minos ihn in seine Herde und opferte stattdessen einen weniger stattlichen Bullen. Poseidon, Bruder des Zeus, Gott der Meere und eine der zwölf olympischen Gottheiten, war über alle Maßen über diesen Betrug erbost. Als göttliche Rache entfachte er in Minos' Gemahlin **Pasiphae** eine leidenschaftliche Liebe zu diesem Prachtbullen.

Poseidons Rache

Pasiphae war in ihrer Liebe so gefangen, dass sie **Daidalos,** Baumeister am Königshof, beauftragte, eine künstliche Kuh zu bauen, um sich mit dem Stier paaren zu können. Aus dieser Verbindung ging der Minotaurus[24] hervor, ein kannibalisches Stier-Mensch-Wesen, das grauenvoll auf der Insel gewütet haben soll.

Das Gefängnis

Um sein Volk zu beschützen, beauftragte König Minos Daidalos, ein Labyrinth für den Minotaurus zu bauen, aus dem niemand ohne fremde Hilfe entkommen konnte. Fortan wurden dem Minotaurus als Tribut von den Athenern alle neun Jahre sieben Jungfrauen und sieben Jünglinge geopfert. Vorausgegangen war die Ermordung von

Minos' Sohn **Androgeos** auf der Halbinsel Attika, einem Teil des Staatenbundes von Athen. Nach einer Besprechung mit dem Orakel des Apollo traf **Ägeus,** König von Athen, diese Vereinbarung bzgl. des Tributs mit König Minos, um einem Krieg mit dem kretischen König zu entgehen.

---

24 Der Name »Minotaurus« ist eine Verbindung aus »Minos« und »Taurus« (griechisch: »Tauros« = »Stier«), da er als Sohn von Minos ausgegeben wurde, tatsächlich aber der Sohn des Stieres war.

Das Schiff mit den schwarzen Segeln

Klagen in der Bevölkerung wurden laut, als die 3. Abordnung aus Kreta kam, um erneut 14 Menschenopfer einzufordern. Theseus, Sohn des attischen Königs Ägeus, erklärte sich bereit, die Jungfrauen und Jünglinge nach Kreta zu bringen, mit dem Plan im Gepäck, den Minotaurus zu töten. Ein Schiff mit schwarzem Segel wurde bereitgestellt. König Minos übergab dem Steuermann zusätzlich ein weißes Segel und traf mit seinem Sohn die Vereinbarung, bei erfolgreicher Mission bei der Rückkehr das weiße Segel zu setzen.

Das Orakel zu Delphi

Das Orakel hatte Theseus geraten, sich der Liebesgöttin Aphrodite anzuvertrauen. Der Sinn des Orakelspruchs wurde ihm erst deutlich, als sich **Ariadne,** Tochter von König Minos, sofort bei Theseus Ankunft auf Kreta in ihn verliebte. Ihr vertraute er seinen Plan an. Ariadne versprach, ihm zu helfen. Als Gegenleistung erwartete sie die Heirat und den Einzug als seine Gemahlin nach Athen. **Daidalos** überreichte Ariadne ein Schwert, mit dem Theseus den Minotaurus töten konnte und eine Rolle Garn – den sprichwörtlichen roten Faden – den er am Eingang befestigen sollte, damit er und seine Gefährten sicher den Rückweg finden konnten. Die Tributpflicht der Athener war nach der erfolgreichen Tat damit aufgehoben.

Theseus flüchtete mit Ariadne von Kreta nach **Naxos,** wo er sie völlig ahnungslos zurücklassen musste, weil sie **Dionysos** versprochen war. Sein Kummer war so groß, dass er das Versprechen an seinen Vater vergaß. Als dieser vor der Küste das Schiff mit den schwarzen Segeln erblickte, stürzte er sich voller Trauer über den tot geglaubten Sohn in das später nach ihm benannte **Ägäische Meer.**

Daidalos und Ikarus – Der Traum vom Fliegen

König Minos reagierte maßlos verärgert über die Flucht seiner Tochter. Als ihm zu Ohren kam, dass sein Baumeister ihr geholfen hatte, sperrte er Daidalos und seinen Sohn Ikarus wutentbrannt in das Labyrinth ein. Daidalos, genialer Erfinder seiner Zeit, fertigte für die Flucht aus dem Labyrinth Flügel

aus Federn, die er mit Wachs verleimte. Die weitere Geschichte, wir kennen sie alle, nahm ihren Lauf: Der junge, wagemutige Ikarus überhörte die Ermahnungen seines Vaters auf seinem »Höhenflug« der Sonne entgegen. So schmolz das Wachs, das seine Flügel zusammenhielt, und er stürzte ins Meer. Nach ihm ist das **Ikarische Meer** benannt.

Grundsätzlich sind zwei Arten von Labyrinthen zu unterscheiden: das Urlabyrinth, das ohne Sackgassen auf einem Weg in die Mitte führt und nach einer Kehrtwendung wieder heraus – es braucht keinen **»roten Faden der Ariadne«!** Daraus entwickelten sich später Irrgärten mit hohen, blickdichten Hecken, angelegt auch als Lustgärten. Ursprünglich handelte es sich dabei um Hofgärten der Renaissance, als zusätzliches, gestalterisches Element der Gartenkunst. Sie hatten einen Zielpunkt in der Mitte mit bewussten Wegen in die Irre, mit Sackgassen und schönen Elementen fürs Auge, die zum Verweilen einladen.

Die Urform – das klassische oder kretische Labyrinth

Das klassische Labyrinth wird mit seinen sieben Umgängen in runder oder quadratischer Form ausgeführt. Beide Formen finden sich auf kretischen Münzen, datiert auf ca. 500 v. Chr. Siebenmal führt der Weg wie von unsichtbarer Hand geleitet um die Mitte, mal näher, mal weiter entfernt, bis die Mitte des Labyrinths erreicht wird – ohne Abzweigungen und ohne Sackgassen. Dort angekommen geht es in einer Kehrtwende um 180 Grad auf gleichem Weg wieder hinaus. Diese Urform ist bis jetzt nicht mit anderen Formen in der Natur wie z. B. Spiralen (Schnecken, Luft, Wasser, Galaxien) in Verbindung zu bringen. **Labyrinthe sind somit von Menschenhand geschaffen! (s. S. 32)** In der Mitte ist das gleichschenklige, kosmische Kreuz zu sehen.

Das römische Labyrinth

Das römische Labyrinth wird vom Eingang aus der Reihe nach in vier Quadranten durchschritten. Hier findet sich kein Umkreisen der Mitte mehr wie beim klassischen und christlichen Labyrinth (s. S. 80 f.), dennoch hielten sich die Römer an den Grundsatz, dass der Weg ohne Abzweigung in die Mitte führt. Wichtiger als die Lini-

enführung und die Anzahl der Gänge waren den Erbauern der prachtvolle Gesamteindruck und die reich mit klassischen Mäandermustern und Blumen geschmückte Darstellung der römischen Mosaikkunst. Die Mitte zeigt meist eine Abbildung der Szene wie Theseus den Minotaurus erschlägt. Im Schlosspark Schönbrunn bei Wien ist ein Irrgartenlabyrinth nach dem Muster eines römischen Labyrinths abgebildet.

Die Reparatusbasilika in Algerien

Das Labyrinth im Christentum taucht schon sehr früh im jungen Christentum auf. In der Reparatusbasilika in El Asnam, Algerien, 324 n. Chr. erbaut, ist ein christliches Labyrinth noch heute zu sehen und zu erleben als faszinierendes Bodenmosaik im Eingangsbereich gegenüber dem Nordportal. In der Bauweise eines römischen Labyrinths (mit 2,5 m Kantenlänge) angelegt, zeigt es in seinem Zentrum ein Spruchspiel bzw. Buchstabenrätsel mit den Worten »SANCTA ECCLESIA« (= »heilige Kirche«). Das Wort ist vom Mittelpunkt aus in jede erdenkliche Richtung über 3000 Mal zu lesen. Die Basilika zählt zu den ältesten noch erhaltenen Kathedralen der Welt. In der Mitte ist das gleichschenklige, kosmische Kreuz zu sehen.[25]

Christliche Labyrinthe wurden später bewusst auf elf Umgänge erweitert mit der Positionierung des Eingangs im Westen. Dieser Aufbau stellte symbolisch ein Abbild der sündigen, todgeweihten Welt auf dem Weg der Erlösung dar, die es zu durchschreiten gilt. Der Westen ist die Todesrichtung, dort geht die Sonne unter. Die Zahl Elf wird  (in diesem Zusammenhang) als Zahl der Sünde und Maßlosigkeit gedeutet, weil sie über die zehn Gebote hinausgeht. Gleichzeitig bleibt der Gläubige in der Unvollkommenheit verhaftet, weil er die Zwölf, die Zahl der zwölf Apostel, nie erreichen wird![26]

Das **Kirchenlabyrinth St. Severin in Köln,** erbaut im 12. Jahrhundert, ist wahrscheinlich das älteste Kirchenlabyrinth in Deutschland. Es ist vom Typ »Amiens«, das heißt, es weist die Grundform des Labyrinthes von der Kathedrale von Amiens auf. Es ist acht-

25   Vgl. www.sankt-bonifatius-seeheim-jugenheim.de/labyrinth/historie.html (Stand: 18.10.2016).

26   Vgl. Ilse M. Seifried: »Das Labyrinth oder die Kunst zu wandeln«, Haymonn Verlag, Innsbruck 2002.

eckig, auf 11 Umgänge erweitert und weist einen Durchmesser von ca. 6,5 m auf, Schrittbreite ca. 12 cm, gepflastert aus schwarzen und weißen Basaltpflastersteinen. Es liegt unmittelbar vor dem Hauptportal und dem Kirchturm und befindet sich exakt auf einer West-Ost-Ley-Linie und einem Hartmanngitter.[27]

Das Otfrid Labyrinth

Bebilderungen klösterlicher Handschriften dokumentieren die Weiterentwicklung der ursprünglichen Labyrinthform im Mittelalter. Das Otfrid Labyrinth ist rund, und auf elf Umgänge erweitert, indem ein Labyrinth ins Labyrinth gesetzt wurde. Es hat einen großen Kreis in der Mitte, und die Kreuzstruktur ist verschwunden!

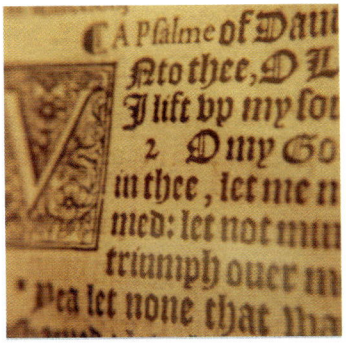

Es stellt eine Zwischenstufe vom römischen bzw. kretischen zum gotischen Labyrinth dar. Der Bewegungswechsel liegt in nur einer Halbachse. Benannt wurde es nach der »Evangelienharmonie« (868 n. Chr.) des **Otfrid von Weißenburg.** Dort stellt er das Labyrinth einer Kreuzigungsszene in gleicher Größe und Farbe gegenüber. Die Maße des Kreuzes sind dabei so angelegt, dass seine Enden in den äußeren Ring des Labyrinths ragen. Otfried in-

27   Vgl. www.kraftort.org/Deutschland/Nordrhein-Westfalen/Koln/koln.html (Stand: 18.102016).

terpretiert die Darstellung des Labyrinths mit Christus am Kreuz folgendermaßen: »Das Maß des Kreuzes ist dem Kosmos eingeprägt. Es misst die Welt aus; es ist die Struktur der Welt, die in die Hände Christi gegeben ist. Es zeigt an, dass Christus der Herr der Welt geworden ist.«[28] Indem das Kreuz in das Labyrinth eingemessen wird, werden Kreuz- und Kreismittelpunkt eins und alle Wendungen des Labyrinths richten sich am (nicht gleichschenkligen) Kreuz aus.

Die **Normannen** lernten Labyrinthe durch ihre Handelsbeziehungen im Mittelmeerraum zwischen dem 8. und 12. Jahrhundert kennen. Seit dieser Zeit finden sich auf ihren Handels- und Reiserouten in Spanien, England und später in Skandinavien, Deutschland und Russland Labyrinthe, die von ihnen mit Steinen gelegt wurden.

In **England** entwickelte sich die Tradition der Rasenlabyrinthe in Klostergärten und auf Dorfplätzen als Wege der Einkehr. Auch nach Osten breitete sich das Labyrinth aus. Für die Nachwelt dokumentieren dies Zeichnungen aus **Persien** und **Afghanistan** und Felsritzungen im **Kaukasus** und in **Indien.** In **Pakistan** zeigen Moscheen ins Gebälk geschnittene Labyrinthe. In Indien sind es große begehbare

28   www.sankt-bonifatius-seeheim-jugenheim.de/labyrinth/historie.html (Stand: 18.10.2016).

Steinlabyrinthe, die mit der Geburt eines Kindes in Zusammenhang gebracht werden. In Südostasien, im Inselstaat **Indonesien,**
ist das Labyrinthmotiv in kunstvolle Flechtarbeiten eingearbei-
tet oder in Holz geschnitzt oder als Zeichnung auf Baumrinden
bekannt.

Der **Pergamentkodex des Isidor von Sevilla** (1072)[29] zeigt den
neuen Labyrinthtyp, der als Vorlage für das Labyrinth von Chartres gesehen wird: rund, elf Umgänge, erneut mit Kreuzstruktur.

Das gotische Labyrinth

Ab dem 12. Jahrhundert kommt es in Frankreich
und Italien zur Hochzeit der Bodenlabyrinthe
in den Langhäusern großer, gotischer Kathedralen. Wer diese Kathedralen kennt, weiß,
dass das Labyrinth im Eingangsbereich liegt
und eine erste Einladung zur Besinnung bzw.
Läuterung darstellt. Das gotische oder mittel-
alterlich-christliche Labyrinth lässt Kreis- und
Kreuzmitte miteinander verschmelzen. Statt sieben
hat es elf Umgänge, die an einem Kreuz ausgerichtet sind. Das
ursprüngliche Kreuz wurde verschoben, dafür ein Kreuz (durch

---

29 Die große Bibliothek von Alexandria, die Bibliotheken in Pergamon, Ephesos, Rom
und anderen Zentren der antiken Welt gingen unter bisher ungeklärten Umständen
unter. Immer wieder wurde von einer überwiegend bewussten Zerstörung »heidni-
scher Schriften« durch christliche Eiferer gesprochen. Ein weiterer Grund für den
Verlust der Schriften war der Ersatz der Papyrusrollen durch Pergamentcodices, eine
Buchform, die im vierten Jahrhundert n. Chr. aufkam.

Viertelung des Raumes) ins Labyrinth gelegt. Es kann nicht »betanzt« werden, da die Form zu eng und zu kompliziert ist. Das Labyrinth ist meist rund oder achteckig, selten quadratisch, und es ist nach Westen hin geöffnet. In **Frankreich** sind gotische Labyrinthe in Chartres, Amiens und Saint-Quentin oder auf Fliesen und als Steinreliefs wie in Bayeux, Genainville, Mirepoix und in **Italien** in Lucca, Pontremoli (Fingerlabyrinthe), Pavia und Ravenna zu finden.

Das gotische Labyrinth wird als das vollkommenste beschrieben. Das Idealbild ist das Labyrinth in der **Kathedrale von Chartres.** Das Besondere an diesem Labyrinth ist, dass es in Korrespondenz mit der Fensterrosette im Westen steht und mit einem Durchmesser von fast 13 m das größte noch ursprünglich erhaltene ist. Wer sich die Westmauer wegdenken kann, erlebt die Synchronisation

bzw. Verschmelzung von Labyrinth und Rosette. Als Umgangsfiguren mit einem Durchmesser von zehn bis zwölf Metern luden die gotischen Labyrinthe die Kirchenbesucher zum Abschreiten des ganzen Weges (in Chartres ca. 263 m) ein. Heute liegt nur der mittlere Teil im Gang frei.

Ein Beispiel für ein achteckiges Labyrinth mit 11 Umgängen ist in der **Kathedrale Notre Dame d'Amiens** zu bestaunen, erbaut als sakrales Bauwerk in der Hochgotik, im Jahre 1854 durch Papst Pius IX. zur Basilica minor (= kleinere Basilika) erhoben. 1981 wurde die Kathedrale in die Liste des UNESCO-Weltkulturerbes aufgenommen und ist seit 1998 auch Teil des Jakobswegs in Frankreich. Das Labyrinth wurde Anfang des 19. Jahrhunderts entfernt, 1894 jedoch wieder eingebaut. Die Kathedrale diente als Vorbild für den Bau des Kölner Doms und Jahrhunderte später für den der St. Patrick's Cathedral in New York.

Die Gralstafeln von Chartres – die geheimen Gärten der Einweihung

Eines der großen Geheimnisse der Kathedrale von Chartres ist die Geschichte der Gralstafeln. Dabei handelt es sich um eine über Jahrhunderte hinweg geheim gehaltene Meditation. Erstmals wurde sie 1978 von Pierre Derlon in seinem

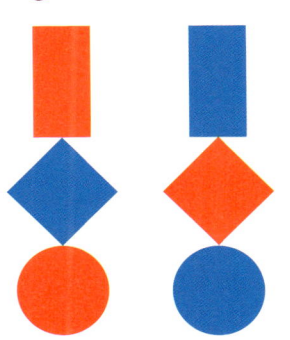

Buch »Die geheimen Gärten der Einweihung«[30] veröffentlicht. Der Autor verbrachte viele Jahre seines Lebens bei französischen Zigeunern, um ihre Sitten und Gebräuche zu erforschen und wurde auf diese Weise in altüberliefertes Wissen eingeweiht, wozu auch die Gralstafeln von Chartres gehören. Sie zeigen eine alte Meditationstechnik, die von Zigeunern aus Frankreich im Mittelalter überliefert wurde.

ÜBUNG:

Gralstafeln

Fertigen Sie sich zunächst selbst eigene Gralstafeln an, indem Sie die geometrischen Formen (s. Bild) auf ein Blatt Papier drucken bzw. malen. Schauen Sie dann mit dem »Kreuzblick« (ugs.: Schielen), auch »weicher Blick« genannt, auf beide Tafelreihen!

Halten Sie den Blick auf die geometrischen Formen gerichtet, bis sich diese zu verdoppeln scheinen, bevor sich in ihrer Mitte ein virtuelles drittes Bild zeigt, das geradezu aus der Bildebene herauszuspringen scheint. Nach einer unbestimmten Zeit des Hin- und Herpendelns zwischen **Rot** und **Blau** kommt das Bild zur Ruhe und weist einen violetten Mischton auf.

Wenn die Übung kurz vor dem Einschlafen angewendet wird, kann sie Ihr Traumleben positiv beeinflussen. Sie kann auch gut mit Klartraumübungen verbunden werden!

30   Pierre Derlon: »Die Gärten der Einweihung und andere Geheimnisse der Zigeuner«, Sphinx-Verlag 1978.

Die Zigeuner nutzten die Gralstafeln in dem Wissen, mit ihnen tief verändernde Bewusstseinszustände auszulösen.

Aus heutiger Sicht wirken die Tafeln wie ein Biofeedbackgerät, das auf einfache Weise die Aktivität beider Gehirnhälften aufzeigt und ihre Synchronisation erhöht. Die Fähigkeit, stereoskopisch, also dreidimensional, zu sehen, ist der Physiologie unseres Gehirns bzw. unseres Sehzentrums zu verdanken, das den Versuch unternimmt, aus zwei Bildern ein übereinstimmendes Bild zusammenzusetzen. Neben dem Kreuzblick bietet sich der Parallelblick an, um »interaktive Bilder in 3D« zu schauen![31]

Die »Gärten der Einweihung«, die dem Buch von Pierre Derlon seinen Namen gegeben haben, waren für die Stammesführer der Zigeuner Orte des Rückzugs und der Meditation. Ihr Aufbau war immer gleich. Sie bestanden aus einem Rechteck als abgestecktem Rahmen, worin zwei Reihen mit geometrischen Figuren (je ein

31   Vgl. Pierre Derlon: »Die Gärten der Einweihung«, Sphinx Verlag 1978 und derhonigmannsagt.wordpress.com/2014/05/13/die-gralstafeln-von-chartres/ (Stand: 31.10.2016).

Rechteck, ein Quadrat, ein Kreis) aus Holz oder Blech lagen. Im Wissen um die Heilige Geometrie wurden diese Figuren bewusst gewählt, denn sie besitzen alle den gleichen Flächeninhalt. Dieser Aufbau der Gärten sprengt den begrenzten Rahmen unseres rationalen Denkens– oder anders ausgedrückt: Es ist die Quadratur des Kreises, die unser erlerntes Verständnis von Geometrie vor eine unlösbare Aufgabe stellt, doch mit ein wenig Übung können wir uns wieder an sie erinnern.

Die Geschichte der Tafeln

Eine wichtige Erkenntnis, die Sie bereits mehrmals im Buch bekommen konnten, ist, dass Menschen seit Urzeiten ihr Geheimwissen an heiligen Orten verewigt haben – sei es u.a. in Stein gemeißelt oder mithilfe der Geometrie der besagten Kultstätten auf Landkarten oder Baupläne gezeichnet. Dieses Phänomen

ist auch in der **Kathedrale von Chartres** wiederzufinden, deren Kirchenschiff nicht wie üblich in ostwestlicher Richtung ausgerichtet ist, sondern in einem Winkel von etwa 47 Grad Richtung Nordost.

Doch warum wurde dieses imposante Bauwerk in einer Stadt errichtet, die heute gerade mal ca. 87 000 Einwohner zählt? **Louis Charpentier,** ein französischer Journalist und Sachbuchautor, konnte u. a. dieses Rätsel klären. So konnte er mehrere Phänomene aufdecken, die eine Besonderheit dieser Kathedrale sind:

- Im Fußboden befindet sich ein Stein, der nicht zu den anderen passt und auf den am Tag der Sommersonnenwende, am 21. Juni um 12 Uhr mittags, ein Sonnenstrahl durch das Loch eines Buntglasfensters fällt, auch »Sonnenfleck« genannt.
- Die Kathedrale ist exakt auf den Sonnenaufgang der Frühjahrs-Tag-und-Nachtgleiche ausgerichtet, wodurch sich auch die Winkelabweichung von 47 Grad von der Ost-West-Ausrichtung erklären lässt.
- Die drei Tafeln von Chartres liegen in der (heiligen) Geometrie bzw. in dem für unsere ungeschulten Augen »unsichtbaren« Bauplan der Kathedrale verborgen!

Die erste Figur der Gralstafeln von Chartres ist das **Rechteck** und findet sich im Chor der Kathedrale – **Tafel Nr. 1!** Dieser Teil der Kathedrale heißt auch heute noch Chapelle du Saint Sacrement (= »Kapelle des heiligen Sakraments«) und war früher der Platz für den Altar. Nach dem Autor Bernhard Schlage solle dieses Rechteck die Abendmahlstafel aus dem Neuen Testament des Christentums versinnbildlichen. Dieser geometrischen Figur folgt in Gedanken auf dem Fußboden ausgelegt ein **Quadrat** mit gleichem Flächeninhalt, dessen Ecken die Breite des Hauptschiffes anzeigen – **Tafel Nr. 2.** Übrigens entspricht die Seitenlänge mit 23,19 m einem Zehntel der Grundlinie der **Cheopspyramide!** Das Quadrat entstammt der geistigen Schule der chinesisch-persischen Tradition des quadratischen Schachbretts. Im Anschluss an das Quadrat findet sich schließlich ein Kreis mit selbiger Grundfläche, der exakt am Hauptportal endet – Tafel Nr. 3. Der Kreis geht u.a. auf Joseph von Arimathäa zurück, den Onkel von Jesus. Seit dessen Flucht nach England gilt er als Begründer der ersten Kirchengemeinde in Glastonbury, dem geheimnisvollen Avalon der Kelten. Dort etablierte der Sage nach der Vater von König Artus, König Uther Pendragon, im Auftrag von Merlin die Tradition der »Ritter der Tafelrunde«.

In einigen Medien wird Merlin als böser Zauberer dargestellt, doch die Vermutung liegt nahe, dass er ein alter Weiser und Wissender war, ein wohl letzter übrig gebliebener Bruder des reinen Druidentums. Er weist auch viele Parallelen zu Jesus auf. Merlin, »er, der als kleiner Junge mit den Schlangen lebte«[32], wird symbolisch als ein Wesen mit der Weisheit der Schlange gesehen oder als eine Seele, die den Stab von Hermes in sich trägt.

Die drei geometrischen Figuren – Rechteck, Quadrat und Kreis – ergeben zusammen die Länge des Kirchenschiffs und bilden die Grundlage für den Bau der Kathedrale. Welche Absicht verfolgten dabei ihre Erbauer? Wie wir gerade aufgezeigt haben, folgen wir hier den Gesetzen der Harmonie und der heiligen Geometrie, die uns weit über die einseitig materialistisch ausgerichtete Wissenschaft hinaustragen – stehen die drei Tafeln doch für Intuition, Intelligenz und Mystik.

32 henkenmialeene.org/de/bucher/das_mysterium_des_heiligen_/merlin_der_magier_hinter_de.htm (Stand: 02.11.2016).

»The Da Vinci Code – Sakrileg«, eine US-amerikanische Verfilmung des gleichnamigen Thrillers von Dan Brown aus dem Jahr 2006, zeigt Zusammenhänge zwischen geheimen Bruderschaften, Riten und Symbolen, dem heiligen Gral und den Templern auf, wie auch ein Bild der Abendmahlstafel mit Maria Magdalena, der Frau an Jesus Seite, und am Ende des Films wird der Kelch als Symbol des Göttlich-Weiblichen enthüllt.

Weitere Geheimnisse der Kathedrale:

- Die Proportionen der Säulen und Galerien zueinander entsprechen der **gregorianischen Tonleiter.** Das Kirchenschiff mit den glatten Wänden und dem Kreuzrippengewölbe stellt ein »vibrierendes« Gewölbe dar, das wahrscheinlich als **Resonanzkörper zur Verstärkung eines tellurischen Stroms** diente, der von dem Dolmen, einem keltischen Heiligtum, ausgeht, der sich unterhalb der Kathedrale befindet. In der Bretagne bezeugt der Dolmen »Roche de Tréal« bei St. Just aus der Zeit um 2500 v. Chr. diese Technik, Klangräume in steinernen Bögen

durch Anschlag mit dem Finger oder einem kleinen Stein zu erzeugen.

✤ Chartres war vor dem 12. Jahrhundert über lange Zeit hinweg ein bedeutender **Wallfahrtsort zu Ehren einer schwarzen Madonna,** die in der sogenannten Druidengrotte der Kathedrale gefunden wurde und bereits von den Kelten angebetet wurde. Nach der Christianisierung als Marienheiligtum übernommen, wurde die Kathedrale der Jungfrau Maria geweiht und trägt auch heute noch den Namen **Notre-Dame** wie viele weitere im 12. und 13. Jahrhundert in Nordfrankreich gebaute gotische Kathedralen, die sich außer in Chartres und Paris in Amiens, Bayeux, Évreux, Laon, L'Épine, Reims und Rouen befinden. So ist es auch nicht erstaunlich, dass diese Städte durch Linien auf der Landkarte verbunden das **Sternbild der Jungfrau** abbilden. Die Verehrung der gebärenden Jungfrau hat vorchristliche Wurzeln, da die meisten genannten Städte uralte keltische Siedlungen sind.

✤ Die im Wechsel hellen und schwarzen Steine im Fußboden weisen **radiästhetisch** eine sehr starke, positive und negative

Strahlung auf, was vermuten lässt, dass Menschen unter dem Einfluss dieser Erdkräfte in veränderte Bewusstseinszustände versetzt wurden. Das Labyrinth liegt inmitten der runden Gralstafel.

- Charpentier erkannte auch, dass sich in Chartres zwei Welten begegnen, und es noch ein drittes Maß, entsprechend der dritten runden Tafel geben muss als Zugang zur vierten Dimension.

Je mehr wir unser Bewusstsein dafür öffnen können, dass Dolmen, Tempelstätten und frühe gotische Kathedralen als Resonanzkörper der Erdkräfte vor Ort dienten, desto klarer wird uns, dass es bei der Verehrung gebärender Jungfrauen oder anderer Heiliger auch um den Kontakt mit der Erde geht. Es ist die älteste Religion der Menschheit – der Kontakt zur Mutter Erde!

Das Bodenlabyrinth in der Kirche San Vitale in Ravenna

Der Dom San Vitale in Ravenna wurde im 6. Jahrhundert in der Blütezeit der Mosaiktechnik erbaut. Die weltberühmten Mosaiken aus farbechten Halbedelsteinen leuchten in den prächtigsten Farbtönen, die den Betrachter allein schon durch ihre Strahlkraft beeindrucken. Für die Betonung des Hintergrundes wurden vor allem die Farben Blau, Grün und Gold verwendet. Zahlreiche Überschwemmungen gaben Anlass zu Renovierungsarbeiten im 16. Jahrhundert, um den Boden anzuheben und zu erneuern. Dabei wurde das Labyrinth mit einem Durchmesser von 3,4 m nahe dem Altar eingebaut. Die Wegführung aus dem Labyrinth heraus ist mit dreieckigen Marmorplatten dargestellt und mündet in einer Muschel. Dieser Weg aus der Mitte heraus ist auch als kleiner **Pilgerweg nach Santiago de Compostela** zu verstehen. Die Pilgerreise nach Santiago de Compostela zum Grab des Apostels Jakob zählt mit zu den wichtigsten der Christenheit. Das Zeichen der Jakobspilger ist die **Jakobsmuschel**.

Pilger sind seit unbekannter Zeit auf heiligen Straßen unterwegs. In Europa führt einer der wichtigsten West-Wege – übrigens schon lange vor dem Christentum und dem Islam – in den äußersten Westen nach Santiago, immer der untergehenden Sonne entgegen. Damit ist ursprünglich das Land der Verheißung gemeint. Dabei handelt es sich um das Land hinter dem Meer, das wir erreichen, wenn unsere »Lebenssonne« untergegangen ist. Abgeleitet aus dem Lateinischen heißt dieser äußerste Punkt **»finis terrae«** (= »Ende der Welt«). Das **Kap Finisterre** in Spanien liegt ungefähr 60 km westlich von Santiago de Compostela und 87 km südwestlich vom Hafen A Coruña. Das Kap gilt für viele Pilger als Endpunkt des Jakobswegs, dessen Endstück wird deshalb auch Camino a Fisterra genannt.

Die **Compostela (= Urkunde)** bescheinigt den Pilgern den Besuch der Kathedrale von Santiago de Compostela und damit das Ende ihrer Wallfahrt, ihrer Initiationsreise und ihrer spirituellen Einweihung auf dem Jakobsweg.

Bedeutend waren im Mittelalter auch die Salomon- und Jakobsbrüder, die auf Pilgerwegen fruchtbares Wissen aus aller Welt zusammentrugen und austauschten, was nicht zuletzt die beeindruckenden Bauwerke der gotischen Architektur erklärt.

Das indianische Labyrinth – The Man in the Maze

Die Hopi-, Navajo-, Pima- und Papago-Indianer[33] in Nordamerika und ein bis heute fast unbekannter Stamm in der Sonarawüste in Mexiko kennen das klassische Labyrinth offensichtlich seit vielen 100 Jahren – lange vor dem Kontakt mit den ersten Europäern. In der indianischen Kultur haben Labyrinthe eine ähnliche Bedeutung und Form wie die in Indien. Bei den Indianern Nordamerikas sind sie auf

---

33 Für die indigene Bevölkerung von Nordamerika wird der Begriff »Indianer«, für die in Süd- und Mittelamerika sowie der Karibik wird oft der Begriff »Indio« verwendet. Der Name geht auf den Irrtum europäischer Seefahrer zurück, die glaubten, in Indien angekommen zu sein, doch stattdessen hatten sie Amerika entdeckt. Zu Kolumbus Zeiten hieß das heutige Indien Hindustan. Dem sprachgewandten Kapitän fielen nur die Worte »Kinder Gottes« ein, als er den nackten Ureinwohnern begegnete – auf Italienisch: »gente in dios«. In England wurde daraus später Indian. Es waren dann Europäer, die nordamerikanische Indianer oft verächtlich »Rothäute« nannten, wahrscheinlich wegen ihrer roten Körperbemalung.

geflochtenen Bastkörben zu sehen. Eine Theorie lässt vermuten, dass das Labyrinth lange vor Kolumbus aus dem Mittelmeerraum über den Pazifik nach Nordamerika gelangte.

Am bekanntesten ist das Labyrinth »The Man in the Maze« der Navajo-Indianer, auch »Labyrinth des Lebens« genannt, ein klassisches Labyrinth in einer besonderen Form: Es ist rund, doch der Endpunkt liegt nicht exakt in der Mitte des Labyrinths. Erkennbar sind die vier Wendepunkte des klassischen Labyrinths, die die vier Ecken eines Quadrates abbilden. Anders ist die Aufteilung in acht Segmente, die eine zusätzliche Bewegung zur Mitte hin und wieder zurück ergeben. Sie erinnern an die Speichen eines Rades. Dadurch kann eine Verbindung zum Dharma-Rad – zum Rad des Gesetzes – im Buddhismus gezogen werden.

»Wer mit einer Feder geschmückt ist, der spricht die Wahrheit.«

Indianisches Sprichwort

Das Dharma-Rad im Jokhang Tempel in Tibet

Das Heiligtum von Lhasa ist die bedeutendste religiöse Stätte des tibetischen Buddhismus. Das Dach des Tempels ist mit vergoldeten Bronzeziegeln verziert und geschmückt mit einem Dharma-

Rad, das von zwei Gazellen flankiert wird. In der Regel wird das Dharma-Rad mit acht Speichen dargestellt, die den achtfachen Pfad der Befreiung symbolisieren. Der Tempel bildet für die Tibeter eine Art Zentralheiligtum, zu dem mindestens einmal im Leben eine Pilgerreise unternommen werden sollte.

Das Medizinrad

Das Tanzen um einen Steinkreis oder um ein aus Steinen gebautes Medizinrad ist uraltes Wissen, wahrscheinlich älter als die Reigentänze in den Labyrinthen. In der indianischen Tradition

berichten Älteste, dass dieses Wissen ein Geschenk hoch entwickelter Sternenvölker, der »Skwanesie«, sei, die als Lichtwesen auf die Erde kamen und die Basis für alle spirituellen Schulen legten. Das Medizinrad mit den acht Richtungen seiner Speichen lehrt uns Menschen die grundlegenden Qualitäten für unsere Weiterentwicklung und wird auch **Sternenmädchenrad** genannt. Der Überlieferung zufolge erhielten die Menschenkinder das Sternenmädchenrad von den Sternenmädchen (Plejaden).

Fingerlabyrinthe und das Handsymbol der Fatima

An vielen Pilgerorten finden sich sogenannte Fingerlabyrinthe. Diese sind als kleine Abbildung an Wände angebracht, um sie mit dem Finger nachzuzeichnen.

ÜBUNG:

Probieren Sie es doch einfach selbst aus, und erfahren Sie die meditative Wirkung eines Fingerlabyrinths!

In ähnlicher Weise wie die Fingerlabyrinthe finden sich auch immer wieder Handzeichen als »Ex voto« bzw. zum Dank für vollbrachte Wunder. Ein typisches Handsymbol ist die Abbildung der Hand der Fatima, der Tochter des Mohammed in der arabischen Kultur. Die Besonderheit der beidseitigen Daumen macht es zu einem symmetrischen Zeichen, das an ein Tulpenmotiv erinnert. In vielen Glaubenskreisen ist die Hand ein Symbol für eine segnende Geste. Die Hand der Fatima wird im Arabischen auch »Hamsa« genannt und bedeutet »fünf«. Das lässt vermuten, dass sich das Symbol auf die fünf Säulen des Islam oder auf die fünfköpfige Familie Mohammeds bezieht.

Der Fuß als Symbol für Fruchtbarkeit und Erntesegen

In Fragen nach dem Lebensweg wird in der Regel den Füßen zu wenig Aufmerksamkeit geschenkt, tragen sie uns doch gewissermaßen durchs Leben. Kommen wir der Bedeutung gesunder Füße doch im Folgenden einmal auf die Spur. Redewendungen wie »Auf seinen eigenen Füßen stehen!«, »Festen Fuß fassen!« oder »Am Markt Fuß fassen!« und das Massenphänomen »**Fußball ist das Ballett der Massen!**« weisen auf die Bedeutung des Fußes hin.

Mythen erzählen von heiligen Orten, an denen göttliche Frauen ihre Fußspuren hinterließen. Im Harz ist der sogenannte **Mägdesprung** ein beliebtes Ausflugsziel. Im alten **Ägypten** waren Füße als Sinnbild für eine glückliche Wanderung durchs Leben und für eine gute Heimkehr sehr geschätzt.

Dem Glauben vieler Völker nach sammelt sich die fruchtbare Kraft der Erde im oberen Teil des Beines. Zunächst in den Füßen gebündelt, gelangt die geschlechtliche Kraft der Erde über die Beine in die Genitalien. In Indien war es üblich, Frauen darin zu schulen, anmutig ihr Hinterteil zu schaukeln, um Männerblicke auf sich zu ziehen. Heute ist dies vergleichbar mit dem Effekt von High Heels auf den weiblichen Gang. Passend dazu leitet sich das Wort »femina« (= »Frau«) von »femur« (= »Schenkel«) ab.

In der Landwirtschaft war es zur Erntezeit üblich, die **Garben** mit den Füßen auszutreten, nicht auszuschlagen. Und auch beim Keltern von Wein (lat. »calcatorium« = »Fußtretung«) wurden die Trauben mit den Füßen eingestampft.

Selbst in der Ahnenforschung zeigt sich die Bedeutung von Füßen. So kann die Fußform entscheidende Hinweise auf die Herkunft der Vorfahren geben. Heutzutage haben Füße aber einen besonders hohen Stellenwert in der Reflexzonenmassage, wo die Fußreflexzonen als Landkarte des Körpers behandelt werden.

Labyrinthe und Spiralmuster

Quadrat und Kreis sind grundlegende symbolische Zeichen für Erde und Himmel, Körper und Geist, Mann und Frau. Die Erde mit ihren vier Himmelsrichtungen ist umschlossen vom Kreis des Himmels.

ÜBUNG:

Das ist das Haus vom Ni-ko-laus!

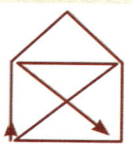

Eine schöne Grundübung aus Kindertagen ist das Zeichenspiel »Das ist das Haus vom Ni-ko-laus«. Die Aufgabe ist, in einem Linienzug aus acht Geraden und einem dazu gesprochenen Reim aus acht Silben ein Haus zu zeichnen, ohne eine Strecke zweimal zu durchlaufen.

Ähnlich einfach ist die Konstruktion eines Labyrinthes mithilfe eines Mittelkreuzes, vier Ecken und vier Punkte als Vorlage. Dahinter verbirgt sich eine Formation aus neun Punkten, die x-förmig angeordnet die Grundlage vieler symbolischer Zeichen ist, wie der Camunischen Rose, des Salomonsknotens und weiterer Spiralmuster.

Zum Beispiel:

Die **»Rosa camuna«,** die sich als **Wolkenkreuz** im Wappen der Lombardei befindet.

Keltischer Liebesknoten

Keltische Knoten

Salomonsknoten im Fußbodenmosaik in der Basilika von Aquileia

Spiralmuster tauchen in allen Kulturen der Erde auf. In Europa lassen sie sich bis auf 4500 v. Chr. auf megalithischen Monumenten jungsteinzeitlicher (neolithischer) Kulturen zurückdatieren. Durch Volksstämme wie die **Kelten** aus der Eisenzeit wurden die Ornamente verfeinert und mit in die darstellende Kunst der Epochen eingebracht.

Vor nur gut 500 Jahre rückwärts auf der Zeitachse befanden wir uns inmitten der Hochrenaissance (1500–1530) in Italien. **Bartolomeo Veneto,** ein berühmter Porträtmaler seiner Zeit, bezeichnete sich selbst als Schüler von Gentili Bellini und malte um 1510 das »Bildnis eines jungen Mannes«. Es zeigt die Darstellung eines **Labyrinthes,** umgeben von **Salomonsknoten,** die ein Hinweis auf eine Geheimgesellschaft sein könnten. In späteren Werken übernahm er die weichen Übergänge der lombardischen Malerei und näherte sich **Leonardo da Vinci,** einem der berühmtesten Universalgelehrten aller Zeiten, an.

Gartenlabyrinthe – Irrgärten für Versteckspiele

Im 15. Jahrhundert – es ist der Beginn der **Renaissance**[34] – endet allmählich die Blütezeit der klassischen Labyrinthe. Die Zeitlinie öffnet sich für das Lösen von Dogmen und das Denken in Alter-

34 »Renaissance« bedeutet in deutscher Sprache übersetzt »Wiedergeburt«! Bekannte Künstler der Renaissance sind Italiener wie Leonardo da Vinci, Tizian und Donatello und der Deutsche Albrecht Dürer. Zu dieser Epoche zählen ebenso bedeutende Schriftsteller wie Dante Alighieri und William Shakespeare.

nativen. Verschiedene Wissenschaften nähern sich dem Labyrinth voller Neugier, möchten seine Essenz und Magie erkunden. Auch in der Gartenkunst reift eine neue Spielart heran: der Irrgarten! Ein Irrgarten ist eine Gartenanlage mit vielen Abzweigungen und Sackgassen, im Gegensatz zu einem Labyrinth, in dem es nur einen Weg vom Eingang bis zur Mitte gibt. In der Gartenkunst werden sie als Gestaltungselement aufgenommen, idealerweise bestehend aus engen, überkopfhohen und blickdichten Heckenwänden mit einem Zielplatz in der Mitte. Orte für geheime Treffen oder

zauberhafte Spielorte für verliebte Herzen! Der Orientierungssinn seiner Besucher soll zu deren Vergnügen absichtlich getäuscht werden und mit verzweigten, unübersichtlichen Wegen und Sackgassen zum Verirren verleiten. Das Prinzip, das nur ein Weg in die Mitte führt, wird aufgegeben. Schauen Sie selbst!

Das Gartenlabyrinth in den Jardins del Laberint d'Horta in Barcelona, Spanien

Der Parc del Laberint d'Horta zählt zu der schönsten und zugleich ältesten noch erhaltenen Parkanlage Barcelonas. Angelegt wurde er im 18. Jahrhundert vom Markgrafen Joan Antoni Desvalls i d'Ardena als Parkanlage im neoklassizistischen Stil mit einem romantischen Garten und einem Palais für den katalanischen

Adel. Viele Elemente aus der griechischen und römischen Mythologie wie Statuen von bekannten Helden, Göttern und mythologischen Wesen bringen zum Ausdruck, dass dieser Ort auf vielfältige Weise der Liebe gewidmet wurde: Auf der dritten, der obersten Terrasse, befindet sich beispielsweise der Pavillon mit den neun Musen bzw. Schwestern, den Töchtern von Zeus und Mnemosyne. Die beiden kleinen Tempel auf der mittleren Ebene des Gartens sind Artemis und Danae gewidmet. Sie dienten Mitte des 19. Jahrhunderts einer Theaterkulisse. Das Zentrum der Anlage bildet der Labyrinthgarten mit der Zypressenhecke auf der untersten Terrasse. Das Ziel der Verstecken spielenden Besucher im Labyrinth ist die Statue mit der Jägerin Diana. In einer offenen Grotte am Ende des Labyrinths ruht die Hüterin des Parks, eine Quellnymphe. Bekanntheit erlangte der Park durch den Film »Das Parfum«, da einige Szenen in diesem Labyrinth spielen.[35]

Im Notizbuch des venezianischen Arztes **Giovanni Fontana** (um 1420) ist die früheste bildhafte Darstellung eines Irrgartens zu fin-

35 Vgl. http://zuttigoesspain.blogspot.de/2013/10/parc-del-laberint-dhorta.html (Stand: 08.11.2016).

den. Ein erster Entwurf für einen Heckenirrgarten entstand um 1500 im »Mantuaner Skizzenbuch«.

Es eröffnen sich viele Möglichkeiten,
die eigene Mitte zu finden!

Es ist ein Spiel mit dem Intellekt, dem Orientierungsvermögen und dem übermächtigen Gefühl der Angst, auf dem (Lebens-)Weg verloren zu gehen. Mich erinnert es an das Gedicht »Spuren im Sand« von Margaret Fishback Powers.

Das Gartenlabyrinth in den Gärten der Villa Pisani, Italien

Die Villa Pisani ist eine der berühmtesten venezianischen Villen an der Riviera del Brenta, Italien, entworfen von Francesco Maria Preti und gebaut im Jahre 1721 von Santo Stefano für die venezianische Adelsfamilie der Pisani. Die Villa war Wohnsitz und zu-

Labyrinthe im Wandel der Geschichte

gleich Treffpunkt für Monarchen, Staats- und Regierungsoberhäupter. Darunter befinden sich Napoleon Bonaparte und die Habsburger, die die Villa als Landsitz für große Empfänge europäischer Aristokraten nutzten, bis das Gebäude 1866 in den italienischen Staatsbesitz überging. 1884 wurde es zu einem Museum umfunktioniert, und heute ist es ein Nationalmuseum. Offiziell trafen sich im Jahre 1934 Mussolini und Hitler in der Villa. Pier Paolo Pasolini drehte dort 1969 den Film »Der Schweinestall« (Originaltitel: »Porcile«). Der Park zählt zu den schönsten Italiens dank seiner ausgefallenen Architektur, seiner Kombination aus englischer und französischer Gartenkunst, zusammen mit den Gewächshäusern und überhaupt einer reichen botanischen Sammlung auf der 11 ha großen Fläche.

Das Labyrinth, in dem sich Napoleon verirrt hat

Das berühmte Heckenlabyrinth der Villa Pisani wurde 1720 von Girolamo Frigimelica de' Roberti realisiert. Dieses Labyrinth, genannt das »Labyrinth der Liebe«, ist eines der größten in Europa. Die Wegführung mit den hohen Buchsbaumhecken, in neun konzentrischen Kreisen angelegt mit Wiederholungen und Sackgassen, ist kompliziert, denn diese Konstruktion verschleiert alle Wege, außer dem zentralen Ziel mit dem Turm in der Mitte. [36]

---

36 Vgl. www.rivieradelbrenta.biz/ville_venete/villa_pisani.htm und www.italy-villas. de/in-italien/2015/nordosten-italiens/venetien/labyrinth-villa-pisani-stra (Stand: 08.11.2016).

Das Fünfstern-Labyrinth

Im Nordwesten von Baden-Württemberg, südöstlich von Heidelberg, begegnen Spaziergänger einem Fünfstern-Labyrinth in einem Bannwald, erbaut im Jahre 2004 von **Gabriela Shinkara Kostak** und ihren Freunden. Es liegt in einer ruhigen Senke am Langen Plan im Großen Wald zwischen Sinsheim und Waldangelloch.

Die Erbauerin beschreibt es als *Kristallisationsort* für Lebensfreude, Frieden, Stille, Liebe, Fülle, Licht, Dankbarkeit, Heilung, *Urvertrauen,* Verbundenheit, Wandlung und erhöhter Wahrnehmung. Es eröffnet seinen Besuchern Bewegungs- und Erfahrungsräume zum Tanzen, Gehen, Springen und vielen anderen Sachen. *Ein Ort der Begegnung für Menschen jeden Alters, Herkunft und Kultur!* Scheinbar Unvereinbares darf nebeneinander bestehen bleiben. Bewertung wird hier schier unmöglich, denn jeder Schritt in die Mitte erfordert Achtsamkeit und führt »unbewusst« in die Stille. *Das Labyrinth wird zum Meditationsraum des Herzens.*

Es eröffnet in uns ein weites Land ...

In allen Facetten unseres Seins fühlen wir uns angenommen und geliebt. Kollektive Wunden heilen. Das Waldlabyrinth ist auch **Ritualplatz** für Wandlungs- und Willkommensrituale sowie für Jahreskreisfeste. Die klare Struktur des Fünfstern-Labyrinths und das Willkommensein in der Mitte kann Angst in Urvertrauen wandeln. Kommen wir in Resonanz mit dem Feld der Labyrinthe, verstärkt sich die Schwingungsfrequenz um ein Vielfaches!

Auf dieser Ebene lösen sich Zeit und Raum auf!

Geistesblitze, intuitive Gedanken, farbenprächtige Bilder oder andere atmosphärische Eindrücke oder Impulse können Antworten geben und Erlösung bringen.

Ein Labyrinthfeld ist ein jahrtausendealter Gedächtnisspeicher!

Besonderheiten des Fünfstern-Labyrinths

🍃 Das Fünfstern-Labyrinth ist in Innenräumen ebenso wie auf Naturplätzen einfach zu bauen.

🍃 Die Größe des Labyrinths ist variabel, abhängig von der Gangbreite und dem Durchmesser des Platzes in der Mitte. Die Gangbreite wird meist so gewählt, dass zwei Personen leicht aneinander vorbeigehen können (1 bis 1,20 m). Der Durchmesser der Mitte wird danach gewählt, wie viele Menschen bei einem öffentlichen Ritual zu erwarten sind.

🍃 Die variable große Mitte unterscheidet das Fünfstern-Labyrinth grundsätzlich von anderen Labyrinthen. Es ermöglicht einer Gemeinschaft, in der Mitte zu stehen und sich zu begegnen.

🍃 Der Mittelpunkt des Innenkreises wird, gleich einer Akupunkturnadel, mit einem Stein (Waldlabyrinth) oder mit einem Stab (Lichterlabyrinth) angezeigt.

🍃 Das Fünfstern-Labyrinth hat immer fünf Umgänge, die in ihrer Linienführung, z. B. beim Waldlabyrinth, natürlichen Gegebenheiten wie Bäumen oder Mulden angepasst werden können.

🍃 Als »Torhüter« steht der Fünfstern. Von ihm gehen die Umgänge aus!

🍃 Konstruktion eines Fünfstern-Labyrinths:

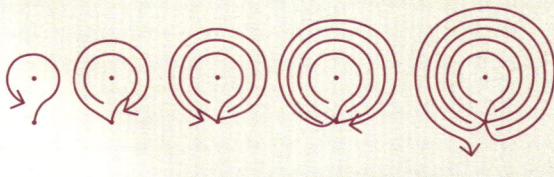

Das Fünfstern-Symbol

Der Fünfstern (auch Pentagramm oder Drudenfuß genannt) offenbart den Menschen als Mikrokosmos im Makrokosmos. Das Pentagramm, einst Erkennungszeichen für den Geheimorden der Pythagoräer, vereint die männliche Drei mit der weiblichen Zwei, Ausdruck für die Beherrschung der Elemente durch den Geist. Hinter dem Symbol verbirgt sich eine weitere Zahlenkonstellation: Um zur Fünf zu gelangen, bedarf es der Eins (4 + 1 = 5), die den Schöpfungsimpuls, die göttliche Ordnung, aussendet. Es ist der Goldene Schnitt, der darin gleich zehnfach enthalten ist und dem Pentagramm den Status eines Symbols der göttlichen Ordnung verleiht, dem die Mächte der Unordnung weichen müssen oder durch Transformation in die Ordnung zurückkehren können. Diese Sonderstellung macht den Fünfstern in vielfacher Weise zu einem starken Symbol für den Menschen.[37]

Der Mensch ist ein symbolverarbeitendes Wesen!

Lebt ein Mensch »nur« in der Materie, ausgerichtet auf das Sichtbare, Materielle, bleibt er sozusagen in der »Matrix« verhaftet.

37 Vgl. www.5-stern.de/glos/5st-sy.html (Stand: 19.10.2016).

Die Zahl Vier und das Quadrat symbolisieren das Erschaffene, das Sichtbar-Gewordene, das Körperliche!

ÜBUNG:

Die göttliche Ordnung im Fünfstern anerkennen und vollziehen

Umfassen Sie mit ausgebreiteten Armen alles Irdische!
Verankern Sie sich im sicheren Stand mit beiden Füßen auf der Erde!
Schauen Sie mit aufgerichtetem Haupt in die Ewigkeit!

Der vollkommene Mensch verkörpert ein lebendiges Pentagramm!

Die Schönheit des Goldenen Schnitts (lat.: »Sectio aurea«) lässt sich anhand des folgenden Verhältnisses erklären:

Minor : Major = Major : Ganzen

Das Phänomen wird auch Proportio divina, göttliche Proportion, genannt, was ihm seit Urzeiten eine magische Anziehung verleiht. Anders ausgedrückt: Die Urkraft, die vom Goldenen Schnitt ausgeht, liegt in seiner Harmonie oder im Klang seiner Form begründet, die es auf einzigartige Weise vollbringen vermag, Individuelles und Verschiedenartiges so zu einem Ganzen zu verbinden, dass jeder Teil nicht nur seine Identität behält, sondern auch in einem größeren Ganzen aufgeht. Übertragen lässt sich das auch auf das Meer, das aus unendlich vielen Wassertropfen geboren wird, gemäß dem hermetischen Gesetz: Makrokosmos = Mikrokosmos. Menschen, die in der Lage sind, sich in die Figur des Fünfsterns hineinzufühlen und quasi mit ihm zu verschmelzen, können den mikroskopisch kleinen Wesenskern eines Wasserflohs erfahren und ebenso einer Sternengalaxie im Weltraum einen Besuch abstatten. Das Modell lässt sich beliebig vergrößern und verkleinern, ohne seine Struktur zu verändern. Der Mensch erkennt sich als (An-)Teil vom großen Ganzen. Getrenntsein ist eine Illusion.

Ein Schlüssel, um im ALLtag wahrhaftig aus dem Herzen lieben zu können und verantwortungsbewusst zu handeln, liegt dank des freien Willens des Menschen im Zulassen der göttlichen Ein-

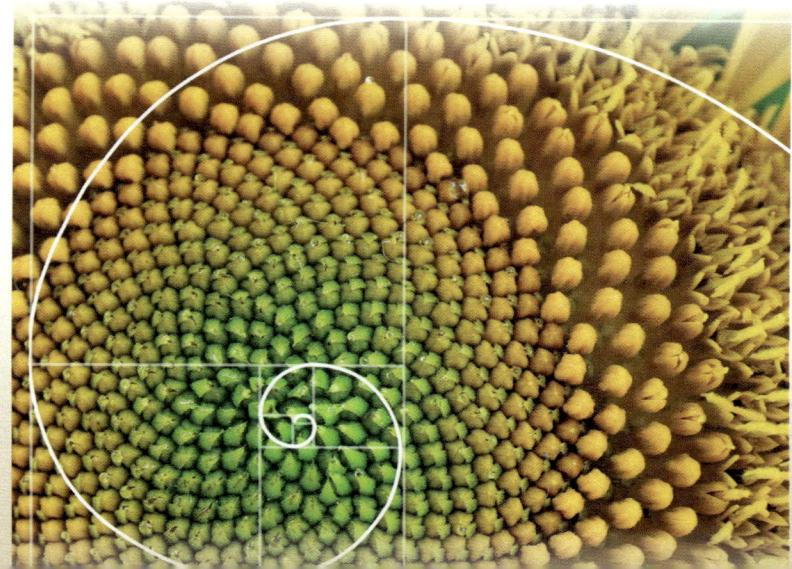

heit: 4 + 1 = 5. Es ist der Schritt von der Vier zur Fünf und der Symbiose von der Zwei (= weiblich, bildhafte Symbolsprache) und der Drei (= männlich, logisches Denken) in uns: 2 + 3 = 5!

Wie bereits erwähnt, tauchte das **Pentagramm** bei den Pythagoräern im Zweistromland zwischen Euphrat und Tigris auf ihrer Suche nach der universalen Wahrheit auf. Es war das Geheimzeichen ihrer philosophischen Schule. Im Judentum wurde es im 4. Jahrhundert v. Chr. im Stadtsiegel von Jerusalem als Verkörperung der Wahr-

heit und des Pentateuch (= der 5 Bücher Mose) verwendet. Alle acht Jahre zeichnen Erde und Venus bei ihrem Lauf um die Sonne diesen fünfstrahligen Stern, das Pentagramma Veneris, in unser Sonnensystem.[38] Das Wissen um das **Pentagramma Veneris, das heißt, die Kombination von Pentagramm und Konstellationen der Venus (s. S. 36 f.)** wurde lange Zeit in den babylonischen Mysterien gehütet. Sowohl die Zahl Fünf als auch das Pentagramm waren Zeichen der Himmelsgöttin Ishtar und dienten als große Schutzzeichen.

....
38 Weitere Informationen zum Thema »Fünfsternlabyrinth« in: Gabriela Shinkara Kostak »IN DER LIEBE SEIN: Entfaltung zu einem erweiterten Bewusstsein«, tao.de in J. Kamphausen Mediengruppe GmbH. Bielefeld 2016.

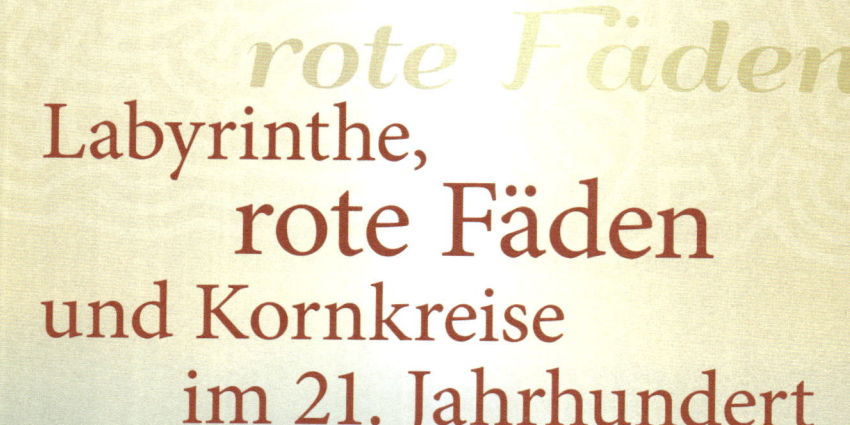

Labyrinthe,
rote Fäden
und Kornkreise
im 21. Jahrhundert

Die Symbolik des Labyrinths ist seit Jahrtausenden bekannt. Bis heute hat sie aber nicht an Faszination und Aktualität verloren. So sind »Labyrinth« und »roter Faden« geläufige Begriffe. Unserer Zeitqualität angepasst, ließe sich das Labyrinth problemlos als Symbol für Verwirrung und Unsicherheit der Moderne bezeichnen.

Zurück in die Zukunft – oder was war aktuell vor 40 Jahren?

Die 80er-Jahre des 20. Jahrhunderts sind kulturell und medial das letzte Jahrzehnt ohne die heute so prägenden Massenphänomene wie Handy und Internet. Aus dieser Zeit stammen Kinoerfolge wie »E. T. – Der Außerirdische«, »Dirty Dancing« und »Die Reise ins Labyrinth«. Und es sind die 1980er-und 1990er-Jahre, die Labyrinthe wieder mehr in das Bewusstsein der Menschen rücken. Heute ist wohl einer der bekanntesten Labyrinthbauer in Österreich der Tiroler **Gernot Candolini.** Er schreibt, er sei 1992 mit dem Labyrinth als Symbol in Berührung gekommen, was ihn infolgedessen zu ausgiebigen Reisen zu Labyrinthen in ganz Europa inspirierte, um mehr von diesem alten Wissen zu ergründen. Es geht Gernot Candolini in seinem Wirken und Bestreben auch um ganzheitliche Erfahrungen, die im Respekt vor dem Menschen und seinen Begabungen ihren Ursprung haben. Inspiriert von diesem Gedanken gründete er in Innsbruck mit anderen Familien eine Montessorischule und baute ein Kinderhaus in Innsbruck. Seit der Jahrtausendwende erlebt die Labyrinthkultur einen ungeahnten Aufschwung. Für Interessierte gibt es dafür eigens eine Internetseite mit Bildern und weiteren Informationen, u. a. auch über Wanderwege, die Labyrinthbesuche weit über Deutschland hinaus erfahrbar machen: www.begehbare-labyrinthe.de.

Es braucht ein Bewusstsein für die zeitlosen Ebenen und Dimensionen des Seins!

Hervorheben möchte ich, dass es oft Frauen sind, aber keineswegs ausschließlich, die das Interesse für dieses heilige Symbol in die Öffentlichkeit bringen.

Dafür steht auch das **Frauenlabyrinth in Zürich,** das sich als ein länderübergreifendes Pinonierlabyrinth versteht. Entstanden ist es auf einem ehemals patriarchal belasteten Kasernenplatz, der zugleich ein sozialer Brennpunkt ist. Seit über 25 Jahren wird nun auf dem Platz, wie die an dem Projekt beteiligten Frauen sagen, gelebt, gearbeitet, getanzt, gelacht, gestritten, gepflanzt, gesungen, gedacht und weibliche Autorität gelebt. Eigens dafür erschien 2011 im Christel-Göttert-Verlag das Buch »Erzähl mir Labyrinth: Frauenkultur im öffentlichen Raum – 20 Jahre Labyrinthplatz

Zürich«[39]. Darin berichten die Frauen von ihren tiefgründigen Erfahrungen, von ihren Gedanken, ihren Träumen und ihrer Arbeit im Labyrinth.

Der rote Faden – philosophisch und praktisch

Den **roten Faden** beschreibt **Johann Wolfgang von Goethe** in seinem Roman **»Die Wahlverwandtschaften«** (erschienen 1809) folgendermaßen:

»Wir hören von einer besonderen Einrichtung bei der englischen Marine. Sämtliche **Tauwerke der königlichen Flotte,** vom stärksten bis zum schwächsten, sind dergestalt gesponnen, dass ein roter Faden durch das Ganze durchgeht, den man nicht herauswinden kann, ohne alles aufzulösen, und woran auch die kleinsten Stücke kenntlich sind, dass sie der Krone gehören.

....

39   Vgl.: www.epv.de/content/das-labyrinth-eine-alternative-zum-kreuz (Stand: 19.10.2016)

Ebenso zieht sich durch Ottiliens Tagebuch ein Faden der Neigung und Anhänglichkeit, der alles verbindet und das Ganze bezeichnet.«[40]

Im Roman breitet sich im Zuge dessen ein Konflikt zwischen Leidenschaft und Vernunft aus, der zu Chaos und zu einem tragischen Ende führt! Auch **E. T. A. Hoffmann** zitiert 1821 in seinem Roman **»Die Serapionsbrüder«** Goethes Gedanken vom roten Faden, der sich durch das Leben eines jeden Menschen zieht und anhand dessen jeder in lichten Momenten den in, um oder über uns wohnenden höheren Geist erkennt.

Der **Ursprung des Wortes »Faden«,** aus dem Griechischen »petannýnai« und dem Lateinischen »patere« (= »ausbreiten, sich erstrecken«), hat sich bis heute in der Seemannssprache erhalten. So wandelte sich das lateinische Wort für Längenmaß »passum« (= »Klafter, Schritt«) zum althochdeutschen »fadum« und englischen »fathom«, ein Maß, das bei ausgebreiteten Armen von Fingerspitze zu Fingerspitze reicht. Bei der **Marine** wird die Wassertiefe selbst im Zeitalter des Ultraschalls noch nach Faden berechnet.

Im germanischen Rechtswesen diente bis zum frühen Mittelalter ein blutiger roter Faden zur »Einfriedung« von Kult- und Opferplätzen. Absperrungen werden heutzutage ebenso mittels rot-weißer Plastikbänder markiert. So zieht sich der rote Faden bis heute durch die europäische Kulturgeschichte. Wie mag es wohl in 50 bis 100 Jahren aussehen? Werden Geschichte, Kultur und Hand-

40   gutenberg.spiegel.de/buch/die-wahlverwandtschaften-7066/21 (Stand: 19.10.2016).

werk noch ein Thema sein, oder regeln Datenautobahnen und Roboter, gechippt mit künstlicher Intelligenz, unseren Alltag?[41]

Das Geheimnis –
der rote Faden hinaus

Interessant und dennoch mit wenig Aufmerksamkeit bedacht, ist, dass dem Labyrinth im Theseus-Mythos gleich zwei Deutungen zuteilwerden: Es ist auf der einen Seite der Schauplatz des Helden und auf der anderen Seite auch der Tanzplatz, auf dem die Befreiung der Geiseln gefeiert wird. Theseus ist der klassische (Männer-)Held, der schwere Prüfungen bestehen muss, um schließlich die Königswürde zu empfangen. Ariadne kann als seine Muse betrachtet werden, doch ihre Geschichte erfährt kein wirkliches Happy End. Heutzutage sind es die Siegertypen der Fußballmannschaften, die sich mit ganzen Heerscharen von Anhängern im Gefolge und auf den Straßen triumphierend feiern lassen – eine moderne Interpretation des Heldenstatus.

Die Heldengeschichte um Theseus beschreibe ein klassisches Urmuster, doch sie sei nur ein kleiner Teil des Weges, schreibt Jürgen

41 Vgl.: www.wissen.de/der-rote-faden (Stand: 19.10.2016)

vom Scheidt.[42] Joseph Campbell begreift Mythen in seinem Buch »Der Heros in tausend Gestalten«[43] als kulturübergreifendes Muster der seelischen Reifung. Lösen wir das Rätsel und kommen wir auf den Punkt:

Liebe Helden, es ist leichter,
zu einer »Heldentat« aufzubrechen
als sich zur Liebe zu bekennen!

Mit dem Weg ins Abenteuer (des Egos) ist erst die halbe Erkenntnis gewonnen, der wichtigere Teil des Weges bleibt noch offen. Es ist der Weg zurück bzw. heraus, der zu Demut, Güte und hin zur (Selbst-)Liebe bzw. Liebesfähigkeit führt. Es ist die berühmte Kehrtwendung um sich selbst, vergleichbar mit dem österlichen Gedanken oder einer Bekehrung. Warum gibt es so viele männliche Helden oder im übertragenen Sinne Mitglieder von Boygroups? Ganz einfach: Amazonen oder moderne Heldinnen wie **Lara Croft** dienen mehr der Verführung der überwiegend männlichen Konsumenten. Anders ist es bei Ariadne. Sie ist eine starke weibliche Zentralfigur mit dem Status einer Heldin, die nicht in der Opferrolle verharrt. Ihre Rolle ist heute vergleichbar mit der klassischen »Frau im Schatten«, die ihren Helden immer dann rettet, wenn die Scheinwerfer aus sind. Sie entwickelt sich aus seiner aus dem Schatten heraus agierenden Muse zur einer selbstbewussten Akteurin. Nicht unerwähnt sollte an dieser Stelle bleiben, dass der »rote Faden der Ariadne« nur in einem Irrgarten und nicht in

---

42 Vgl. http://scilogs.spektrum.de/labyrinth-des-schreibens/gewaltige-saga-krieg-flucht-vertreibung/ (Stand: 24.10.2016)

43 Joseph Campbell: »Der Heros in tausend Gestalten«, Insel Verlag, Frankfurt am Main und Leipzig 1999.

einem Labyrinth Sinn ergibt. In ähnlicher Form benutzen ihn seither auch Höhlenforscher, um ihren Rückweg wiederzufinden.

Kornkreise und Donuts oder die Welt ist keine Scheibe

Aus Südengland ist das Phänomen der Kornkreise bekannt, vermutlich extraterrestrisch genial erschaffen, von Menschenhand bislang unerreicht! Weltweit zeigen sich mittlerweile jedes Jahr bis zu 300 neue Kreise. Berichten zufolge machen sie seit Jahrhunderten die Runde, doch nimmt die Anzahl an hochkomplexen, geometrischen Formen seit den 1990er-Jahren zu. Seit einigen Jahren sind Kornkreisformationen auch in Deutschland zu entde-

cken, die über Nacht entstehen oder plötzlich gesichtet werden. Das Gesamtbild lässt sich natürlicherweise am besten aus der Luft bzw. Vogelperspektive betrachten: Die Welt ist keine Scheibe! In Foster Gambles Film »Thrive« (2012) ist die Faszination dieser geometrischen Figuren sehr anschaulich und mehrdimensional in Computeranimationen dargestellt. Kornkreisforscher sprechen von einer rotierenden Kraft, die auf den Wachstumsknoten der Pflanze ausgerichtet ist und den Getreidehalm nicht knickt, sondern in seiner Struktur verändert, vergleichbar mit der Strahlung von Mikrowellen, die Magnetfelder verändern. So mag es nicht verwundern, dass auch Veränderungen in den kristallinen Strukturen der Böden gemessen wurden. Ähnliches vermögen Töne, die in bestimmten Frequenzen komplexe Muster aus dem Mikro- und Makrobereich der Natur als stehende Welle zeichnen – sei es auf der Wasseroberfläche oder in feinem Sand auf eine Platte projiziert. Schallwellen an glatten Wänden reflektieren das Echo in den Bergen. Wasser kann mit Schall zum Kochen gebracht werden. **Schall ist die Quelle für freie Energie!**

Für Menschen mit einem »open mind«, mit einem Verständnis für Mehrdimensionalität sind all dies versteckte oder verschlüsselte Botschaften, die uns auf die nächsten Schritte der Evolution vorbereiten.[44] Alles ist … oder der Glaube kann Berge versetzen! Empfehlung: Auf Schloss Freudenberg in Wiesbaden finden Sie Erfahrungsfelder der Sinne und des Denkens und weitere interessante Informationen zu Labyrinthen! Ein Besuch im Klangraum

44 Vgl. »Die neue Feldordnung« von NuoViso.tv: www.youtube.com/watch?v=bm8n8zlLjG4, Schloss Freudenberg: www.schlossfreudenberg.de/werkstatt-der-13-sinne.html und Spiritual Science Research Foundation: www.spiritualresearchfoundation.org/de/kornkreise?gclid=CIia4Oy_idACFasy0wodhp0Pcw (Stand: 04.11.2016).

»Nicht das Ohr hört. Der ganze Mensch hört!« oder der mobilen Werkstatt der dreizehn Sinne sind echte Erlebnisse, die uns Menschen, egal, ob klein oder groß, wieder »begreifen« lassen!

In diesem Zusammenhang ist es wichtig, ebenso die Energiestrukturen des Torus zu betrachten, auch »hyperbolischer Wirbel«, »Schlauchwirbel« oder Neudeutsch »Donut« genannt. Denn er prägt alle biologischen Formen und Galaxien und stellt das Grundprinzip aller Bewegungen dar, wie in »Heilende Gärten« im Kapitel »Bäume« beschrieben: »Wer Bäume umarmt, kann eine Ahnung von diesen Kräften bekommen […] – ohne Anfang und ohne Ende, sich immerwährend erneuernd! Aus diesem Grund fühlen sich Menschen wie magisch von einem Baum angezogen. In den wenigen Minuten einer Umarmung können sie sich mit den Naturrhythmen synchronisieren.«[45] Schauen Sie ab jetzt bewusst hin, und Sie werden feststellen, dass das Prinzip des Torus oder des »Donuts« in der Natur überall sichtbar ist, überall da, wo Leben ist!

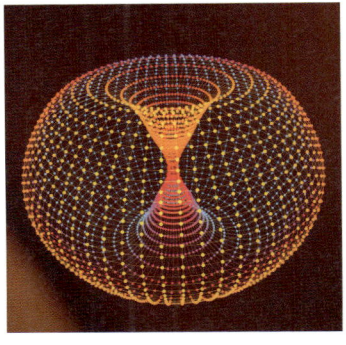

Labyrinthe, rote Fäden und Kornkreise

45   Monika Kirschke: »Heilende Gärten – Der Garten als Spiegel der Seele«, Schirner Verlag, Darmstadt 2016, S. 25 f.

Faszination

Faszination
in BeWEGung

Im Laufe eines Lebens ist wohl jeder Mensch auf der Suche nach seiner wahren Identität. Bewusst ist er sich dessen meist erst mit zunehmendem Alter. Der von der Zeit und dem Gefühl des »Unfreiseins« geplagte oder gejagte Mensch möchte der Lautstärke und Wortlastigkeit einer über alle Maßen gestressten und hektischen Gesellschaft entfliehen. Es lässt vermuten, dass die vielen Labyrinthe, die heute gebaut werden, der Sehnsucht der Seele nach zyklischer Ordnung und zyklischen Dimensionen entspricht. Ein Labyrinth kann als ein Abbild der kosmischen Zeitordnung betrachtet werden, wissen wir doch jetzt um seine Bedeutung als kosmische Sternwarte.

Wahrgenommen werden Labyrinthe als Ruheorte und Einladung, Menschen scheinbar wie durch Magie anzuziehen, um dort der inneren Stimme zu lauschen! Dadurch geschieht Erstaunliches: Fenster öffnen sich zwischen dem Bewussten und dem Unbewussten, wahrgenommen als kurzweiliger Augenblick, als Lichtblitz, der gerade noch erhascht wird oder auch in ganz anderen

Formen. Diese Momente der Erkenntnis sind ausreichend, um den eigenen Lebensweg nachzujustieren – ausgelöst durch eine intensive Auseinandersetzung mit dem Selbst und der Sinnfrage des Lebens.

Im Labyrinth erfahren wir die Wahrheiten des Lebens, vom Auf und Ab, von Berg und Tal, von oben und unten, von überraschenden Wendungen und von dem Ankommen in der universellen Quelle – der Schöpferkraft in uns!

Das passiert in der spiralförmigen BeWEGung - ganz ohne Worte!

Ohne Vorankündigung, lautlos, in einer Form, die keiner Beschreibung, keiner Erzählung gerecht werden könnte und auf keiner Internetseite zu finden ist.

Im Labyrinth gibt es nichts zu entscheiden, es gibt keine Fehler, die Struktur ist eindeutig vorgegeben. Nach der Kehrtwendung um 180 Grad und mit der neu gewonnenen Freiheit im Gepäck geht es in die BeWEGung zurück, in das »laute Leben« da draußen. Der suchende (oder besser: der findende) Mensch erfährt sich nach dem Durchschreiten des Labyrinths mit einer erweiterten Sichtweise und einem größeren Selbstverständnis vom großen Ganzen.

Ankommen in mir - aus der uniVERSellen Quelle schöpfen!

Labyrinthe – wieder Kind sein außerhalb von Raum und Zeit

Kinder spielen, rennen und springen oft spontan, rein intuitiv und gern stundenlang und selbstvergessen in Labyrinthen herum. Das mag daran liegen, dass ihre Kanäle zu anderen Welten, Ebenen oder Dimensionen noch frei sind. Für so manchen Erwachsenen braucht es eine gewisse Portion Mut, ein Labyrinth allein zu begehen, doch

mittendrin oder in einer Gruppe ist es leichter, auferlegte Grenzen zu vergessen und der Klaviatur der Gefühle freien Lauf zu lassen. Labyrinthe laden dazu ein, Spielplätze der Heiterkeit und Geselligkeit, des Miteinanders und des Fröhlichseins zu sein! In französischen Kathedralen, z. B. in Reims, wurden Bodenlabyrinthe ab dem 16., 17. Jahrhundert entfernt, weil Kinder darauf spielten.

Verantwortung in uns kultivieren

Viel Zeit haben wir damit verbracht, unser Ego zu kultivieren und zu verstehen. Wir bemühten uns, es zu leugnen und konzentrierten uns mehr auf das Kollektiv statt auf unser eigenes uns innewohnendes Gefühl. Leider haben wir damit auch all das Schöne negiert, was wir gemeistert hatten.

Pflichtbewusstsein

ohne Liebe macht verdrießlich.

Verantwortung ohne Liebe macht rücksichtslos.

Gerechtigkeit ohne Liebe macht hart.

Wahrhaftigkeit ohne Liebe macht kritiksüchtig.

Klugheit ohne Liebe macht betrügerisch.

Freundlichkeit ohne Liebe macht heuchlerisch.

Ordnung ohne Liebe macht kleinlich.

Sachkenntnis ohne Liebe macht rechthaberisch.

Macht ohne Liebe macht grausam.

Ehre ohne Liebe macht hochmütig.

Besitz ohne Liebe macht geizig.

Glaube ohne Liebe macht fanatisch.

Laotse

Was ist mit einem gesunden Ego gemeint?

Wir bewegen uns in einer Zeitqualität, die es uns ermöglicht, Verantwortung – in beide Richtungen – zu meistern. Betrachten Sie Ihre Hände als Metapher für das Zusammenspiel von ALLem, was ist: Jede Hand besitzt vier Finger und einen Daumen! Erkennen Sie an, dass Sie über jeden Finger die Meisterschaft besitzen. Jeder von ihnen spielt eine andere Rolle und jeder kann etwas besser als die anderen Finger. Erst wenn jeder seine eigene Meisterschaft erlangt, arbeiten alle in Harmonie – und erschaffen so etwas wie Magie!

Schlusswort

Herzlichen Glückwunsch, liebe Leser! Sie sind beim Schlusswort angelangt! Im Vorwort hatte ich Ihnen versprochen, anderen Spuren zu folgen als den gewöhnlichen, ausgetretenen Pfaden. Sie alle kennen die unzähligen Versuche, aus dem ganz persönlichen Hamsterrad oder aus der Macht der Gewohnheit auszusteigen, um der Herzwunscherfüllung oder der Spur in die Freiheit zu folgen.

Eine neue Welt, ein neues Bild, entsteht immer zuerst im Kopf! Bewegt sich Ihr Leben voll im Fluss? Wirbeln Sie in der Mitte des Flusses, das Leben in vollen Zügen genießend, oder ruht Ihr Leben in einem Seitenarm und plätschert so vor sich hin, ohne einen wirklichen Sinn? Träumen Sie von besseren oder neuen Zeiten? Dabei gibt es keine neue Zeit, denn die Zeit ist immer gleich, egal, ob wir in der Vergangenheit verhaftet bleiben, im Jetzt ausgebremst werden oder in Gedanken in der Zukunft schwelgen.

In diesem kleinen Büchlein finden Sie Wissen zusammengetragen, das nicht nur Labyrinthe in einem anderen Licht erscheinen lässt, sondern auch interessante Phänomene um megalithische Anlagen als Observatorien und Sternenkarten auf der Erde erklärt. Jetzt wissen Sie, dass Energiefrequenzen mitverantwortlich sind für Gefühlszustände, wie am Beispiel der Schumann-Frequenzen (7,83 Hz) im Tunnellabyrinth unterhalb der Sonnenpyramide in

Bosnien dargestellt. Das eine oder andere ins Blickfeld gerückt oder als Puzzle zusammengesetzt, mag zum Verständnis beitragen, warum und weshalb der Druck auf uns zugenommen hat und unzählige Versuche vorwärtszukommen immer wieder scheitern, während unsere Sehnsucht im Herzen, oder wo auch immer sich die Seele befindet, niemals kleiner wurde!

Es sind die hohen Lichtqualitäten, die seit 2012 unser System »belichten« und neue Zusammenhänge in unser Bewusstsein eingravieren! Doch bevor sich das Rad des Lebens **in die gewünschte Richtung** überhaupt erst in Gang setzen kann, braucht es diese innere Bereitschaft und Haltung, sich unbedingt auf das Neue einzulassen. Es geht immer nur vorwärts! Doch wer eine neue Welt etablieren möchte, muss willens sein, alte Angst- und Glaubensmuster im Körpersystem zu erlösen! Sie waren gut, um viele Erfahrungen in der Materiewelt zu sammeln. Jetzt haben sie allerdings ausgedient, und es braucht einen Systemneustart, auch Reset genannt, um neue (Spiel-)Regeln in uns aufzustellen und zu entwickeln, so wie es zum Beispiel auch Christine Arana Fader sehr einfühlsam in ihrem Buch »Die Chakra-Revolution«[46] beschreibt. Reinhard Stengel, der Rainbowmann, bringt es in seinen Vorträgen auf den Punkt, indem er sinngemäß sagt: Du musst das Alte oder das, was sich als Krankheit in deinem Körper zeigt, erst annehmen und keinesfalls bekämpfen, damit es gehen kann! Ja, liebe Leser, jede Befindlichkeit hat eine Ursache, die es zu ergründen gilt! Alles andere wäre eine Selbsttäuschung! Wer sich mit Antlitzdiagnose und Körpersprache nach Huter, Krohne,

 46 Christine Arana Fader: »Die Chakra-Revolution: Ein Arbeitsbuch für deinen Weg im Wandel unserer Zeit«, Schirner Verlag, Darmstadt 2016.

Standop und weiteren ein wenig auskennt, weiß, dass der Körper niemals lügt!

Sind Sie standhaft wie ein Fels in der Brandung? Haben Sie Ihren eigenen Standpunkt und Ihre Berufung im Leben gefunden? Sind Sie mit beiden Füßen fest verwurzelt im Schoß von Mutter Erde, so wie die Bäume, unsere weisen Erdenbewohner, die uns zeigen, wie wir den Himmel und die Erde miteinander vermählen? Können Sie im offenen Buch der Natur lesen, und begreifen sich selbst als ein Teil davon? Wissen Sie, dass die Farbe Grün heil(ig)end ist? Wenn Sie die Fragen (oder einen Großteil davon) mit einem Ja beantworten konnten, ist das ein gutes Zeichen. Sie haben die Zeichen der Zeit erkannt und bedienen sich eigenverantwortlich aus Ihrer Schöpferquelle!

Haben Sie bis hierher genug gelesen, dann ist das auch in Ordnung! Legen Sie einfach diese kleine Lektüre an die Seite, oder

schmökern Sie weiter, denn der (Licht-)Bogen bleibt! Die Epoche, in der wir uns gerade befinden, ist auf dem Weg in ein neues Frequenzzeitalter. Sie ist geprägt von Angst bzw. Druck, Scheinwelten und Massenmedien, die es uns Menschen fühlbar erschweren, das Leben in unbändiger Freude und mit kindlicher Neugier zu meistern. **Erkennen Sie die Meisterschaft Ihres Herzens an!**

Seien Sie sich einfach bewusst, dass das Leben nicht kreisförmig verläuft, sondern in einer Spiralbewegung aufwärts. So ist es natürlich auch in einem Labyrinth, das die räumlichen Grenzen der Materie auflösen kann. **Vergebung ist der höchste Akt der Selbstliebe!** In dem Moment, in dem Sie dies anerkennen, trägt Sie das Leben aus dem Karussell der Wiederholungen heraus.

Gewöhnen Sie sich daran, eine innere Haltung einzunehmen, die auf Vertrauen und ein friedvolles Leben (= »Frieden in mir«) aufbaut mit dem unbedingten Glauben an die eigene, ewig sprudelnde Schaffens- und Schöpferkraft für Ihr Paradies auf Erden. Seien Sie aber bitte nicht als Einzelkämpfer unterwegs, diese Zeiten sind auch vorbei. Pflegen Sie die Gemeinschaft in Ihrer Familie, und wenn dies unvereinbar erscheint, in Ihrer spirituellen Familie oder mit lieben Freunden und Nachbarn, nur seien Sie sich unbedingt gewiss, dass Erfüllung nur in einem liebevollen und friedvollen Miteinander machbar ist! GeHEIM(wissen), und liebe dein Leben!

Anhang

Quellen

Aïvanhov, Omraam Mikhaël: »Sprache der Symbole, Sprache der Natur«, Prosveta Verlag 2013.

Aïvanhov, Omraam Mikhaël: »Die beiden Bäume im Paradies«, Prosveta Verlag 2010.

Candolini, Gernot: »Das geheimnisvolle Labyrinth. Mythos und Geschichte eines Menschheitssymbols«, Verlag Pattloch 1999.

Derlon, Pierre: »Die Gärten der Einweihung«, Sphinx Verlag 1978.

Fader, Christine Arana: »Die Chakra-Revolution«, Schirner Verlag 2016.

Kern, Hermann: »Labyrinthe. Erscheinungsformen und Deutungen. 5000 Jahre Gegenwart eines Urbildes«. Prestel-Verlag, 4. Auflage 1999.

Opitz-Kreher, Karin; Huber, Johannes: »Bibelöle«, Schirner Verlag 2015.

Osmanagić, Sam: »Das Geheimnis der Anasazi«, Amra Verlag 2016.

Osmanagić, Sam: »Die Pyramiden in Bosnien & auf der ganzen Welt«, Amra Verlag 2014.

Raphaell, Katrina: »Botschaft der Kristalle«, Neue Erde Verlag 1988.

Raphaell, Katrina: »Heilen mit Kristallen«, Knaur 1988.

Raphaell, Katrina: »Wissende Kristalle«, Ansata Verlag 1986.

Ruland, Jeanne: »Die Gegenwart der Meister«, Schirner Verlag 2012.

Seifried, Ilse M.: »Das Labyrinth oder die Kunst zu wandeln«, Haymon-Verlag 2002.

Sitchin, Zecharia: »Der zwölfte Planet«, Droemer Knaur, 1995.

Tellinger, Michael: »Das Ubuntu-Prinzip«, Hesper-Verlag 2014.

Thiele, Wolfang; Knorr, Herbert: »Der Himmel ist unter uns«, Verlag Henselowsky Boschmann 2003.

Internetadressen (eine Auswahl)

Deutschland
www.begehbare-labyrinthe.de/index.php?screen_width=1264

Österreich
www.das-labyrinth.at/labyrinth/austria.htm

Bildnachweis

Bilder von der Bilddatenbank www.shutterstock.com

S. 3–144: Ornament Borde # 462883051 @ Guliveris

S. 3: # 490719226 @ frankie's, S. 6: # 359469629 @ Jack Hong, S. 8: # 15767779 @ plampy, S. 10: # 482122087 @ narin phapnam, S. 11: # 119476126 @ Dmitry Naumov, S. 12: # 6132097 @ clearviewstock, S. 14: # 1723079 @ Stephen Rees, S. 16: # 420771274 @ kaetana, S. 17, oben: # 262140929 @ Massimo Santi, S. 17, unten: # 221848951 @ canadastock, S. 18: # 228270208 @ Fer Gregory, S. 20: # 276442634 @ Igor Zh., S. 22: # 242240128 @ Luis Santos, S. 23: # 277584941 @ Ondrej Prosicky, S. 24: # 303898226 @ Anton Jankovoy, S. 25: # 285569396 @ Alex Mit, S. 27: # 108917126 @ agsandrew, S. 28: # 374635594 @ topolov, S. 31: # 458586442 @ Cegli, S. 32: # 147002105 @ Vector, S. 33: # 25285753 @ Reeed, S. 34: # 227463691 @ Mahesh Patil, S. 35: # 402183637 @ Wolfilser, S. 36: # 185590079 @ mystel, S. 37: # 349661423 @ movit, S. 38: # 284402087 @ EyeSeePictures, S. 39: # 322144658 @ Miro Kovacevic, S. 42: # 355230653 @ Katarzyna Sobotka, S. 43: # 500013616 @ Lotus Images, S. 44: # 339976424 @ Dario Vuksanovic, S. 47, oben: # 349823702 @ AlessandroZocc, S. 47, unten: # 1696882 @ Jiri Vaclavek, S. 48: # 144072169 @ Peter Hermes Furian, S. 50: # 334160471 @ cherezoff, S. 51: # 188180642 @ agsandrew, S. 52: # 312567413 @ unknown1861, S. 53: # 212620933 @ jaroslava V, S. 54: # 374861581 @ Geza Farkas, S. 56: # 369568913 @ Volodymyr Martyniuk, S. 57: # 50895082 @ Aleksandar Todorovic, S. 60: # 386540749 @ TheaDesign, S. 62, oben: # 76793782 @ Pecold, S. 62, unten: # 178154546 @ Aitormmfoto, S. 63: # 426993847 @ travellight, S. 64: # 138612470 @ hecke61, S. 65: # 120441169 @ Tero Hakala, S. 66, oben: # 231036925 @ Artush, S. 66, unten: # 320824013 @ Felix Lipov, S. 67: # 483933649 @ Yakovlev Sergey, S. 68, unten: # 278251724 @ Yulia_B, S. 68, oben: # 261991124 @ Thirteen, S. 69: # 486885841 @ GreenBelka, S. 70: # 86004049 @ Ingrid Prats, S. 71, oben: # 257368639 @ Gilmanshin, S. 71, unten: # 497324122 @ Chesnokova Anna, S. 72: # 482805481 @ Nataliia Sokolovska, S. 73: # 404534521 @ Scorpp, S. 74: # 159826157 @ ueuaphoto, S. 75: # 313245542 @ Yakov Oskanov, S. 76: # 347237552 @ victorin, S. 77: # 1538275 @ Andreea Szekely, S. 78, oben: # 420774721 @ dianameise, S. 78, unten: # 477226588 @ FooTToo, S. 79: # 168633863

@kavalenkava, S. 80: # 70400392 @ Fulcanelli, S. 81: # 9236215 @ rehoboth foto, S. 82: # 118597075 @ HUANG Zheng, S. 83: # 161625248 @ Frank Fiedler, S. 84: # 39061252 @ Claudio Giovanni Colombo, S. 87: # 130969334 @ Andrew Roland, S. 88: # 84431803 @ Natalia Bratslavsky, S. 91: # 371262601 @ Jozef Klopacka, S. 94: # 21365557 @ LianeM, S. 95: # 246405358 @ tschitscherin, S. 97, oben: # 294592352 @ suphanat, S. 97, unten: # 462656485 @ Jess Kraft, S. 98: # 367325960 @ Katika, S. 99: # 388556779 @ Katja Gerasimova, S. 101, oben: # 299990372 @ Zurijeta, S. 101, unten: # 157243718 @ FCSCAFEINE, S. 103, ganz oben: # 319819652 @ dovla982, S. 103, oben: # 77250421 @ Oleg Zhevelev, S. 103, unten: # 93227521 @ leg Zhevelev, S. 103, ganz unten: # 186301343 @ Pablo Debat, S. 105: # 108989075 @ feliks, S. 106: # 108989093 @ feliks, S. 107: # 455019370 @ vitmore, S. 108: # 160414451 @ Mauro Carli, S. 111: # 108216374 @ ESB Professional, S. 112: # 388795711 @ Lorna Roberts, S. 114: # 427162858 @ Africa Studio, S. 115: # 176844395 @ Aphelleon, S. 116: # 54265720 @ curtis, S. 117: # 478596976 @ Paul Rookes, S. 119: # 473962234 @ khun nay zaw, S. 121: # 239598517 @ lanych, S. 122: # 181281446 @ Valentina Photos, S. 123: # 33019327 @ Marcel Jancovic, S. 124: # 63857125 @ Nick Hawkes, S. 125: # 329563709 @ Login, S. 126: # 420701647 @ Tatjana Kabanova, S. 127: # 7363303 @ Bart Everett, S. 129: # 104648267 @ Mila Supinskaya Glashchenko, S. 131: # 183417701 @ Khakimullin Aleksandr, S. 132: # 129465749 @ medeia, S. 133: # 357200645 @ agsandrew, S. 135: # 87987190 @ Igor Normann, S. 136: # 397015894 @ Yuganov Konstantin, S. 137: # 358582475 @ KristinaSh

Weitere Bilder:

Joachim Thomalla: S. 109: Waldlabyrinth 1, S. 110: Waldlabyrinth 2

Monika Kirschke: S. 58: Tunnel, S. 91: Madonna, S. 142: Granatapfel

Anke Müller, Schirner: S. 85: Gralstafeln, S. 102: Haus vom Nikolaus (oben und unten), S. 111: Konstruktion Fünfstern-Labyrinth (nach einer Abbildung von Gabriela Shinkara Kostak)

Über die Autorin

Monika Kirschke vereint in ihrem Leben die Themen »Natur«, »gesundes Leben« und »Spiritualität«. Von ganzheitlichen Zusammenhängen inspiriert, erforscht sie schon ihr ganzes Leben lang immer wieder neue Zusammenhänge und Sichtweisen über den Sinn und scheinbaren Unsinn eines Lebensweges auf diesem wundervollen blauen Planeten.

Sie stellt sich den Fragen, Bedürfnissen und Anforderungen nach einem (herz)erfüllenden Leben voll körperlicher, mentaler und geistiger Vitalität – und das weit über ihre eigenen Visionen hinaus: »Wenn mein Leben in der Ewigkeit wirklich endlich ist, dann möchte ich eines Tages mein ›Erdengefäß‹ in Dankbarkeit, Wertschätzung und Weisheit abstreifen können, um in die Unendlichkeit emporzuschweben!«

Monika Kirschke ist Gartenbauingenieurin, intuitive Naturheilkundlerin und verfügt als Praktikerin über vielfältige Erfahrungen. 2010 gründete sie die »Heilenden Gärten«. 2011 schloss sie ihre Ausbildung zur Medialen Lebensberaterin und Heilerin bei Elisabeth Arndt in Bayreuth ab. Es folgten Studienreisen in das Tal der bosnischen Pyramiden bei Sarajevo, den derzeit größten Pyramidenkomplex der Welt! Im Frühjahr 2015 veröffentlichte sie ihr erstes Buch: »Heilende Gärten – Der Garten als Spiegel der Seele«. Im Sommer 2016 führte sie ein Gartenprojekt zum berühmten Jakobsweg nach Spanien. »Es sind die berühmten Zufälle im Leben«, sagt sie, »die uns zufallen, ohne dass wir sie planen könnten«. Den Jakobsweg, den Pilger aller Herren Länder seit über 800 Jahren gehen, und seine Geschichte empfindet sie als große Bereicherung für ihr zweites Buch »Heilende Labyrinthe«.

www.heilende-gaerten.net
www.facebook.com/Heilende.Gaerten

Vertraue und glaube der Weisheit deines göttlichen Herzens –
lass dich berühren und führen
in die HinGABE und in die FREIheit …
Schöpfe, wisse und erschaffe Wundervolles
gemäß deiner Berufung!
Sei im EinKLANG mit dem Pulsschlag von Lady Gaia!

Ebenfalls von der Autorin erschienen im  Schirner Verlag

Heilende Gärten
Der Garten als Spiegel der Seele

248 Seiten
ISBN 978-3-8434-1177-6

Im Garten erfahren wir uns als Schöpfer! Im Garten vergessen wir die Zeit! Monika Kirschke, Gartengestalterin und intuitive Naturheilkundlerin, vereint altes und aktuelles Wissen und gibt uns wertvolle Hinweise und praktische Tipps für unseren »grünen« Daumen: Das kann die Gartenplanung im Frühjahr sein, der Verjüngungsschnitt eines alten Obstbaumes, der Sommerschnitt einer Hecke, der Entwurf eines Jahreszeitengartens und vieles andere mehr. Wir erleben den Garten als Rahmen unserer Persönlichkeit und Pflanzen und Tiere als innere sowie äußere Spiegel unserer Seele. Schöpfen wir daraus Kraft und Mut, uns als Teil der Natur zu begreifen. Ob Gartenliebhaber, Hobbygärtner oder Stadtpflanze: Möge dieses Buch für jeden eine Schatztruhe für neue Sichtweisen und Perspektiven sein!

»Bewegen wir uns im Garten oder in der Natur, werden wir – ohne dass wir es ›bewusst‹ wahrnehmen – mit den Naturrhythmen synchronisiert!«